CONTES CHOISIS

This series comprises some of the very best short stories, NOUVELLES *of French authors. They are very prettily printed, of convenient size and are published at the uniform price of*

Paper, 25 Cents.   **Cloth, 40 Cents Each.**

No.
1.—LA MÈRE DE LA MARQUISE, by Edmond About. 135 pages.
2.—LA SIÈGE DE BERLIN ET AUTRES CONTES, by Alphonse Daudet. Comprising : la *Dernière Classe; la Mule du Pape; Un Enfant Espion; Salvette and Bernadou; Teneur de Livres.* 73 pages.
3.—UN MARIAGE D'AMOUR, by Ludovic Halévy. 73 pages.
4.—LA MARE AU DIABLE, by George Sand. 142 pages.
5.—PEPPINO, by L. D. Ventura, a story of Italian life in New York, written by a well-known professor of languages. 65 pages.
6.—IDYLLES, by Mme Gréville. 110 pages.
7.—CARINE, by Louis Enault. 181 pages.
8.—LES FIANCÉS DE GRINDERWALD, by Erckmann-Chatrian. Containing also *les Amoureux de Catherine* by the same author. 104 pages.
9.—LES FRÈRES COLOMBE, by Georges de Peyrebrune 136 pages.
10.—LE BUSTE, by Edmond About. 145 pages.
11.—LA BELLE NIVERNAISE (*Histoire d'un vieux Bateau et de son Equipage*), by Alphonse Daudet. 111 pages.
12.—LE CHIEN DU CAPITAINE, by Louis Enault. 159 pages.
13.—BOUM-BOUM, by Jules Claretie, with other exquisite short stories by famous French writers. 104 pages.
14.—L'ATTELAGE DE LA MARQUISE, by Léon de Tinseau, and UNE DOT, by E. Legouvé. 93 pages.
15.—DEUX ARTISTES EN VOYAGE, with two other stories, by Comte de Vervins. 105 pages.
16.—CONTES ET NOUVELLES, by Guy de Maupassant, with a preface by A. Brisson. 93 pages.
17.—LE CHANT DU CYGNE, by Georges Ohnet. 91 pages.
18.—PRÈS DU BONHEUR, by Henri Ardel. 91 pages.
19.—LA FRONTIÈRE, by Jules Claretie. 103 pages.
20—L'ONCLE ET LE NEVEU, and LES JUMEAUX DE L'HOTEL CORNEILLE, by Edmond About. 120 pages.

This series will be continued with stories of other well-known writers. Each has been edited with explanatory notes in English. Full description will be found in the Catalogue bound in this volume.

_____

Published by WILLIAM R. JENKINS, New York.

VERBES FRANÇAIS

DEMANDANT DES PRÉPOSITIONS

LEUR EMPLOI, AVEC BEAUCOUP D'EXEMPLES
TIRÉS DES DICTIONNAIRES DE
L'ACADÉMIE, DE LITTRÉ ET DES MEILLEURS AUTEURS FRANÇAIS.

PAR

Mme FRANCIS J. A. DARR,

AUTEUR DE
English in Twenty Lessons (dans la *Méthode Cortina*).
TRADUCTEUR DE
The Strange Story of Tito Gil,
Brunhilde, or The Last Act of Norma (de l'espagnol);
Through Troubled Waters (du français).

NEW YORK :
WILLIAM R. JENKINS,
ÉDITEUR ET LIBRAIRE FRANÇAIS,
851 & 853 SIXTH AVENUE.

605721

C

PRINTED BY THE
PRESS OF WILLIAM R. JENKINS,
NEW YORK.

PRÉFACE.

La liste suivante de verbes comprend tous ceux qui demandent des prépositions, qu'ils soient actifs, neutres, passifs ou réfléchis.

Si un verbe ne prend aucune préposition dans une des formes énoncées au paragraphe précédent, cette forme est néanmoins donnée, avec les autres qui en prennent, pour éviter toute confusion dans l'esprit de l'élève.

Par exemple, le verbe *traiter*, sous sa forme simple, n'exige pas de préposition, quoique dans le sens passif (*être traité*) ce soit le contraire. Dans ce cas les deux formes seront citées.

Quand un verbe est suivi d'une raie, cela signifie qu'il n'a pas de préposition sous cette forme.

Après les prépositions suivant un verbe passif viennent les mots *ou par*, ou *et par*. Cela veut dire qu'on emploie *par* avec ce verbe; non pas *au lieu* des autres prépositions déjà citées, ni avec les exemples donnés pour ces prépositions; mais seulement que la préposition *par* peut s'employer avec le verbe en question.

Tout verbe passif provenant d'un verbe actif peut s'employer avec la préposition *par*.

Exemple, *forme active :*

Le chat mange la souris.

Forme passive :

La souris est mangée *par* le chat.

Comme c'est une chose parfaitement connue de tous les élèves, très peu d'exemples de l'emploi de cette préposition ont été donnés pour éviter la monotonie et une longueur inutile de ce livre.

Les exemples qui ne sont pas de l'auteur ont été choisis chez les meilleurs écrivains et grammairiens.

LIZZIE TOWNSHEND DARR.

VERBES FRANÇAIS

DEMANDANT DES PRÉPOSITIONS .

A.

Abaisser—.
>Ex.: Il a abaissé son ennemi.

S'abaisser *à* (suivi d'un infinitif).
>Ex.: Il *s'abaisse à demander* l'aumône.

Abandonner—.
>Ex.: Cette mère a abandonné son enfant.

S'abandonner *à*.
>Ex.: Mon cœur *s'abandonne à* cette espérance.

Être abandonné *de* ou *par* (quand il signifie *laissé sans secours*).
>Ex.: Il est *abandonné de* tous.

Abasourdir—.
>Ex.: Cette nouvelle a abasourdi mon frère.

Être abasourdi *de* ou *par*.
>Ex.: Il a été *abasourdi de* la perte de son procès.

Abhorrer—.
>Ex.: Les honnêtes gens abhorrent les fripons.

Être abhorré *de* ou *par*.
>Ex.: Il est *abhorré de* tout le monde.

Abîmer—.
>Ex.: La pluie a abîmé mon chapeau.

Être abîmé *de* ou *par*.
>Ex.: Ce meuble est *abîmé de* taches.

Abonder *en*.
>Ex.: Ce pays *abonde en* richesses.

Abonner quelqu'un *à* quelque chose.
>Ex.: J'ai *abonné* mon cousin *à* l'Opéra.

S'abonner *à*.
>Ex.: Je me suis *abonné à* la *Revue de Paris*.

Être abonné *à* ou *par*.
>Ex.: Il est *abonné à* ce nouveau journal.

Aboutir *d.*

> Ex.: Toutes les avenues de Washington *aboutissent au* Capitole.

Aboyer—.

> Ex.: Ce chien aboie tout le temps.

Aboyer *après, contre* ou *d* (si vous spécifiez).

> Ex.: 1° Le chien *aboie après* le passant.
> Ex.: 2° Il *aboie contre* le voleur.
> Ex.: 3° Il *aboie d* la lune.

Abreuver—.

> Ex.: On a abreuvé les chevaux.

S'abreuver *de.*

> Ex.: Le rivage *s'abreuvait de* leur sang malheureux.

Être abreuvé *de* ou *par.*

> Ex.: Les plantes sont *abreuvées de* la rosée.

Abriter—.

> Ex.: Le jardinier a abrité les arbustes.

S'abriter *de* (si vous spécifiez).

> Ex.: Je *m'abrite de* la pluie.

S'absenter *de.*

> Ex.: Cet officier *s'est absenté de* son poste sans permission.

Absorber—.

> Ex.: Les sables absorbent les eaux de la pluie en un moment.

S'absorber *dans.*

> Ex.: Il *s'est absorbé dans* ses méditations.

Absoudre quelqu'un *de* quelque chose.

> Ex.: Je vous *absous de* votre négligence.

S'abstenir *de.*

> Ex.: Il *s'abstient de* boire et *de* manger.

Abstraire—.

> Ex.: En algèbre on abstrait la quantité, le nombre de toutes sortes de sujets.

Être abstrait *dans* ou *par.*

> Ex.: Il est *abstrait dans* ses affaires.

Abuser *de*.

>Ex.: Ce président *abuse du* pouvoir.

S'abuser *à* (suivi d'un verbe).

>Ex : Il n'est pas possible de *s'abuser à prendre* un homme pour un ressuscité.

Accabler quelqu'un *de* quelque chose.

>Ex.: On *accable* le peuple *d'*impôts.

S'accabler *de*.

>Ex.: Il ne faut pas *s'accabler de* travail.

Être accablé *de* ou *par*.

>Ex.: Ce sénateur est *accablé de* demandes.

Accéder *à*.

>Ex.: Il a *accédé à* mon désir.

Acclimater—.

>Ex.: Il faut du temps pour acclimater une plante étrangère.

S'acclimater *à*.

>Ex.: Nous ne nous sommes pas *acclimatés à* ce pays.

S'accointer *avec*.

>Ex.: Il *s'est accointé avec* un homme de fort mauvaise compagnie.

S'accoler *dans*.

>Ex.: Ces deux hommes *s'accolent dans* toutes leurs opérations.

Accorder (concéder)—.

>Ex.: Il accorde difficilement sa protection.

Accorder (mettre d'accord les cordes d'un instrument)—.

>Ex.: L'homme a accordé mon piano.

S'accorder *avec* (en conformité d'esprit, de caractère avec).

>Ex.: Il *s'accorde avec* moi.

S'accorder *à* (être d'accord) suivi d'un infinitif.

>Ex.: Ils *s'accordent* tous *à* trouver cette femme très belle.

S'accouder *sur*.

>Ex.: Il ne faut pas vous *accouder sur* la table.

Accourir—.

    Ex.: Quand je l'appelle il accourt.

Accourir *à*.

    Ex.: *Accourez à* moi.

Accoutrer—.

    Ex.: Vous avez drôlement accoutré votre enfant.

S'accoutrer *de*.

    Ex.: Elle *s'est accoutrée d'une* toilette ridicule.

Être accoutré *de* ou *par*.

    Ex.: Il est *accoutré d'*une peau de bête.

Accoutumer quelqu'un *à* quelque chose.

    Ex.: Il faut *accoutumer* les enfants *au* travail.

S'accoutumer *à*.

    Ex.: Il *s'est accoutumé à* ne plus fumer.

Être accoutumé *à* ou *par*.

    Ex.: Cette femme est *accoutumée à* la fumée de tabac.

Accuser quelqu'un *de* quelque chose.

    Ex.: J'*accuse* cet homme *de* vol.

S'accuser *de*.

    Ex.: Il *s'accuse de* cette faute.

Être accusé *de* ou *par*.

    Ex.: Il est *accusé d'*espionnage.

Acharner quelqu'un *contre* quelqu'un ou quelque chose.

    Ex.: On a *acharné* les chiens *contre* le taureau.

S'acharner *à*.

    Ex.: Il *s'acharne à* vouloir prouver cette chose.

Être acharné *à* ou *par*.

    Ex.: Cet étudiant est *acharné au* travail.

Acheminer—.

    Ex.: Les écuyers ont acheminé les chevaux.

S'acheminer *vers*.

    Ex.: Nous nous sommes *acheminés vers* cet endroit.

Acoquiner—.

    Ex.: Le métier de mendiant acoquine ceux qui l'ont fait une fois.

S'acoquiner *à* (devenir coquin) suivi d'un infinitif.

    Ex : Il s'est *acoquiné à* fréquenter ces gredins.

Acquiescer *à*.

    Ex.: Il a *acquiescé à* ma volonté.

Acquitter—.

    Ex.: Le tribunal a acquitté l'accusé.

S'acquitter *de*.

    Ex.: Ce fonctionnaire *s'acquitte* bien *de* son devoir.

Être acquitté *de* ou *par*.

    Ex.: Il est *acquitté de* sa dette.

Adapter quelque chose *à* quelque chose.

    Ex.: Ce prédicateur a bien *adapté* ce passage de l'écriture *à* son sujet.

S'adapter *à*.

    Ex.: Ce couvercle *s'adapte* bien *à* son vase.

Adhérer *à*.

    Ex.: J'*adhère à* votre manière de voir.

Adjurer *de*.

    Ex.: On a *adjuré* le criminel *de* confesser son crime.

Admirer—.

    Ex.: Il admire cette action.

Être admiré *de* ou *par*.

    Ex.: Cette ville est *admirée de* tous les étrangers.

S'adonner *à*.

    Ex.: Elle *s'est adonnée à* la littérature.

Adosser (quelqu'un ou quelque chose *contre* quelque chose).

    Ex.: On a *adossé* ce malade *contre* le mur.

S'adosser *à*.

    Ex.: Il *s'est adossé à* la cheminée.

Adresser—.

    Ex.: Je vous ai adressé une lettre.

S'adresser *à*.

    Ex.: Il faut *s'adresser à* ce monsieur dans ce cas.

Advenir *de*.

    Ex.: Qu'est-ce qu'il est *advenu de* cette affaire?

Affamer—.

    Ex.: Les Prussiens ont affamé Paris en 1870.

Être affamé *de* ou *par*.

    Ex : Cette femme est *affamée* d'éloges.

Affecter—.

    Ex.: Il affecte beaucoup ce mot.

Affecter (quelqu'un *à* quelque chose).

    Ex.: Le général a *affecté* ces soldats *à* la garde des pri-
        sonniers.

S'affecter *de*.

    Ex.: Elle *s'affecte de* sa maladie.

Être affecté *de* ou *par*.

    Ex.: Il a été très *affecté de* cette nouvelle.

Afficher—.

    Ex.: On a affiché le discours du président.

S'afficher *avec*.

    Ex.: Il a tort de *s'afficher avec* tel homme.

Affilier—.

    Ex.: On a affilié toutes ces sociétés en une seule.

S'affilier *avec*.

    Ex.: Ne vous *affiliez* pas *avec* ces gens.

Affliger—.

    Ex.: La mort de cet enfant a affligé sa famille.

S'affliger *de*.

    Ex.: Elle *s'afflige de* cette séparation.

Être affligé *de* ou *par*.

    Ex.: Elle est *affligée de* votre départ.

Affluer *dans*.

    Ex.: Plusieurs rivières *affluent dans* la Seine.

Affoler—.

    Ex.: La douleur affole cette personne.

S'affoler *de*.

    Ex.: Il *s'affole de* cette dame.

Être affolé *de* ou *par*.

    Ex.: Il est *affolé de* lecture.

Affranchir—.

> Ex.: On a affranchi les esclaves.

S'affranchir *de*.

> Ex.: Ils *se* sont *affranchis de* tous préjugés.

Être affranchi *de* ou *par*.

> Ex.: Si je vais à l'hôtel, je serai *affranchi des* embarras domestiques.

Affubler (quelqu'un *de* quelque chose).

> Ex.: On a *affublé* cet enfant *d'*un costume ridicule.

S'affubler *de*.

> Ex.: Il *s'*est *affublé d'*un manteau.

Être affublé *de* ou *par*.

> Ex.: Elle est *affublée d'*un trop grand chapeau.

S'agenouiller *devant* (si vous spécifiez).

> Ex.: Elle *s'*est *agenouillée devant* l'autel.

Agir—.

> Ex.: Vous avez mal agi.

S'agir *de* (être question *de*).

> Ex.: Il *s'agit du* salut de l'État.

Agiter—.

> Ex.: Agitez la bouteille avant de vous en servir.

Être agité *de* ou *par*.

> Ex.: Sa conscience est *agitée de* mille frayeurs.

Agréer—.

> Ex.: Dieu agrée nos prières.

Agréer *à*.

> Ex.: J'*agrée à* votre proposition.

S'agriffer *à*.

> Ex.: Le chat *s'*est *agriffé à* la tapisserie.

S'aheurter *à*.

> Ex.: Il *s'aheurte à* son opinion.

Aider—.

> Ex.: Elle aide les malheureux.

Aider *à* (quelqu'un physiquement).

> Ex.: Il a *aidé à* cet homme à porter ce fardeau.

Aimer—.

    Ex.: Le chien aime son maître.

Aimer *à* (suivi d'un infinitif).

    Ex.: Heureux ceux qui *aiment à* lire.

Alarmer—.

    Ex.: Cela va alarmer tout le camp.

S'alarmer *de*.

    Ex.: Il *s'alarme de* peu de choses.

Être alarmé *de* ou *par*.

    Ex.: Il est *alarmé de* sa maladie.

Alléger—.

    Ex.: Il faudra alléger la charge de ce cheval.

S'alléger *de*.

    Ex.: *Allégez-vous de* quelques kilos.

Être allégé *de* ou *par*.

    Ex.: Le ballon est *allégé de* plusieurs sacs.

Allégir —.

    Ex.: Il faudra allégir cette poutre.

Être allégi *de* ou *par* (si vous spécifiez la quantité).

    Ex.: Cette planche a été *allégie d*'un centimètre.

Aller—.

    Ex.: Il va voir sa sœur.

Aller—.

    Généralement on emploie ce verbe avec l'idée de direction, et, suivant la direction, on emploie une préposition ou l'autre.

    Ex.: Je *vais à* Paris.

        Je *vais au* théâtre.

    Avec une personne on emploie la préposition *chez*.

    Ex.: Je *vais chez* moi.

        Je *vais chez* Mme X.

        Il *va chez* le docteur.

        Elle *va chez* Sterns (le magasin).

    Si vous ne spécifiez pas le point d'arrivée on emploie *vers*.

    Ex.: Je *vais vers* la fenêtre.

Pour l'origine on emploie *de*.

Ex.: Je *vais de* New-York à Paris.

S'en aller.

En employant ce verbe, il n'est pas *nécessaire* d'exprimer la direction. Dans ce sens, on n'emploie pas de préposition.

Ex.: Je m'en vais.

Il s'en va.

Je m'en suis allé, etc.

Si on veut donner la direction, il s'emploie de la même manière que le verbe *aller*.

Allier—.

Ex.: On a allié ces deux familles.

S'allier *avec*.

Ex.: Il s'est *allié avec* la princesse **X**.

Allonger—.

Ex.: Il faudra allonger ma jupe.

Allonger *de* (si vous spécifiez la quantité).

Ex.: Vous *allongerez* mon manteau *de* deux centimètres.

Altérer—.

Ex.: Le soleil altère les couleurs.

Être altéré *de* ou *par*.

Ex.: Le tigre semble toujours être *altéré de* sang.

Alterner *avec* (si vous spécifiez).

Ex.: Il *alterne avec* son collègue pour ce service.

Ameuter *contre* (quelqu'un *contre*).

Ex.: Il *ameute* tout le monde *contre* moi.

S'amouracher *de*.

Ex.: Il s'est *amouraché de* cette veuve.

Amuser—.

Ex.: Ce livre a amusé mon fils.

S'amuser *à* (suivi d'un infinitif).

Ex.: Il *s'amuse à taquiner* sa sœur.

S'amuser *de*.

Ex.: Il *s'amuse de* cette personne.

Animer—.

Ex.: La danse anime sa figure.

S'animer *à*.

Ex.: Il *s'anime à* sa voix.

Être animé *de* ou *par*.

Ex.: Il est *animé de* reconnaissance.

Annexer (quelque chose) *à*.

Ex.: On a *annexé* ce territoire *au* royaume.

Anticiper—.

Ex.: Il a anticipé ce paiement.

Anticiper *sur* (sens neutre).

Ex.: Il a *anticipé sur* son revenu.

Apercevoir—.

Ex.: J'ai aperçu mon cousin.

S'apercevoir *de*.

Ex.: Je *m'aperçois de* mon erreur.

Être aperçu *de* ou *par*.

Ex.: Il a été *aperçu de* son chef.

Apitoyer—.

Ex.: Il a apitoyé son père.

S'apitoyer *sur*.

Ex.: Il *s'apitoie sur* votre sort.

Être apitoyé *sur* et *par*.

Ex.: Il est *apitoyé sur* votre malheur.

Aplatir—.

Ex.: Aplatissez votre pâte.

S'aplatir *devant*.

Ex.: Il *s'aplatit devant* ses supérieurs.

Apparenter—.

Ex.: Tâchez de bien apparenter votre fille.

S'apparenter *à*.

Ex.: Elle s'est *apparentée à* la noblesse.

Être apparenté *avec* ou *par*.

Ex.: J'ai été mal *apparenté avec* eux.

Appartenir *à*.

    Cette maison *appartient* à mon frère.

Appartenir *à* quelqu'un *de* (suivi d'un infinitif, sens impersonel).

    Ex.: Il vous *appartient de faire* cesser cet abus.

Appeler (se servir de la voix pour faire venir)—.

    Ex.: Avez-vous appelé la servante?

Appeler *de* (recourir à un tribunal supérieur).

    Ex.: Il *appellera de* cette sentence.

S'appesentir *sur*.

    Ex.: Il *s'appesentit* trop *sur* les détails.

Applaudir—.

    Ex.: On a beaucoup applaudi cette pièce.

S'applaudir *de*.

    Ex.: Je *m'applaudis de* mon action.

Être applaudi *de* ou *par*.

    Ex.: Il a été *applaudi de* tout le monde.

Appliquer—.

    Ex.: On commence à appliquer cette loi.

S'appliquer *à*.

    Ex.: Il *s'est appliqué à* la sagesse.

Apposer quelque chose *sur* quelque chose.

    Ex.: On a *apposé* le cachet *sur* le contrat.

Apprécier—.

    Ex.: Il n'apprécie rien.

Être apprécié *de* ou *par*.

    Ex.: Ce tableau est *apprécié des* connaisseurs.

Appréhender—.

    Ex.: Il appréhende l'arrivée des chaleurs.

Appréhender *de* (suivi d'un infinitif).

    Ex.: Il *appréhende de tomber* malade.

Apprendre—.

    Ex.: J'ai appris le français.

Apprendre *à* (suivi d'un infinitif).

    Ex.: J'ai *appris à monter* à cheval.

Apprêter—.

    Ex.: Avez-vous apprêté le dîner ?

Apprêter *à* (suivi d'un infinitif).

    Ex.: C'est l'homme qui *apprête à manger.*

Approcher quelque chose *de* quelqu'un ou quelque chose.

    Ex.: *Approchez* la table *de* mon frère.

S'approcher *de.*

    Ex.: Je *m'approche de* vous.

Approprier quelque chose *à* quelque chose.

    Ex.: Il faut *approprier* les lois *aux* mœurs.

Approuver.—

    Ex.: J'approuve votre conduite.

Être approuvé *de* ou *par.*

    Ex.: Il est *approuvé de* ses camarades.

Approvisionner—.

    Ex.: On a approvisionné l'armée.

S'approvisionner *de.*

    Ex.: Je me suis *approvisionné de* bois.

Être approvisionné *de* ou *par.*

    Ex.: Cette citadelle a été *approvisionné de* munitions.

Appuyer—.

    Ex.: Le directeur a appuyé ma demande.

S'appuyer *sur.*

    Ex.: *Appuyez-vous sur* moi.

Être appuyé *sur* ou *par.*

    Ex.: Ce raisonnement est *appuyé sur* le bon sens.

Argumenter *contre.*

    Ex.: Il *argumente* toujours *contre* nous.

Armer—.

    Ex.: Le fanatisme a souvent armé les peuples.

S'armer *de.*

    Ex.: Il *s'est armé d'*un fusil.

Être armé *de* ou *par.*

    Ex.: Ce mur est *armé de* pointes de fer.

Arracher quelque chose *de* quelque chose.
> Ex.: Il a *arraché* toute espérance *de* mon cœur.

S'arracher *à* ou *de*.
> Ex.: 1° Il *s'est arraché aux* douceurs de la gloire humaine.
> Ex.: 2° Il *s'arrache d'*entre les bras du doux sommeil.

Être arraché *à*, *de* ou *par*.
> Ex.: 1° Il a été *arraché au* monde.
> Ex.: 2° Il a été *arraché de* dessous le tramway.

Arranger—.
> Ex.: Vous avez bien arrangé votre salon.

S'arranger *pour*.
> Ex.: Ils *se* sont *arrangés pour* partir ensemble.

Être arrangé *de* ou *par* (être convenu).
> Ex.: Il a été *arrangé de* cela.

Arrêter—.
> Ex.: On a arrêté le voleur.

S'arrêter *à*.
> Ex.: Il *s'arrête à* de petits détails.

Arriver—.
> Ex.: Il est arrivé hier.

Arriver *à* (sens de parvenir).
> Ex.: Colbert *arriva au* maniement des finances.

Arriérer—.
> Ex.: Il a arriéré le paiement de ses dettes.

Être arriéré *de* ou *par* (si vous spécifiez le temps).
> Ex.: Il est *arriéré de* plusieurs mois.

Arroser—.
> Ex.: J'ai arrosé mes fleurs.

Être arrosé *de* ou *par*.
> Ex.: La plus belle victoire est *arrosée de* peurs.

Asperger—.
> Ex.: Les assistants ont aspergé sa tombe.

Être aspergé *de* ou *par*.
> Ex.: Il a été *aspergé d'*eau.

Aspirer— (attirer l'air extérieur dans ses poumons).

   Ex : Il a aspiré une grande quantité d'air.

Aspirer *à* (désirer vivement une chose).

   Ex.: Il *aspire au* pouvoir.

Assaillir—.

   Ex.: On a assailli les ennemis.

Être assailli *de* ou *par*.

   Ex. : Nous fûmes *assaillis* d'une furieuse tempête.

Assaisonner—.

   Ex.: Elle assaisonne bien les salades.

Être assaisonné *de* ou *par*.

   Ex.: Son discours es *assaisonné de* louanges.

Assentir à.

   Ex.: Il a *assenti à* ma proposition.

Asseoir—.

   Ex.: Asseyez le malade.

S'asseoir *sur* (si vous spécifiez) ou *dans*.

   Ex.: 1° Je *m'assieds sur* la chaise.

   Ex. : 2° Il *s'est assis dans* le fauteuil.

Asservir—.

   Ex. : Les Américains ont asservi les Indiens.

S'asservir *à*.

   Ex. : Il *s'est asservi aux* caprices de sa femme.

Être asservi *à* ou *par*.

   Ex. : La Sicile était *asservie aux* Romains.

Assiéger—.

   Ex. : L'ennemi a assiégé le fort.

Être assiégé *de* ou *par*.

   Ex. : Il est sans cesse *assiégé de* demandes.

Assimiler quelqu'un *à* quelqu'un ou quelque chose.

   Ex.: Il ne faut pas *assimiler* un condamné politique *à* un criminel.

S'assimiler *à*.

   Ex.: Nous nous *assimilons* volontiers aux hommes supérieurs à nous.

Être assimilé *à* ou *par*.

    Ex.: Votre action est *assimilée à* un crime.

Assister— (secourir).

    Ex.: Les riches doivent assister les pauvres.

Assister *à* (être présent).

    Ex.: J'ai *assisté au* sermon de cet évêque.

Associer quelqu'un *à* quelque chose.

    Ex.: Il a *associé* son frère *au* bénéfice de cette affaire.

S'associer *avec*.

    Ex.: Il s'est *associé avec* mon frère.

Être associé *avec* ou *par*.

    Ex.: Il est *associé avec* ce banquier.

Assujettir—.

    Ex.: Philippe assujettit toute la Grèce.

S'assujettir *à*.

    Ex.: Je me suis *assujetti à* finir ce travail.

Être assujetti *à* ou *par*.

    Ex.: Il est *assujetti à* cette règle.

Assurer — (certifier une chose).

    Ex.: J'assure ce que je dis.

Assurer— (garantir contre tout sinistre par une police d'assu-
    rance).

    Ex.: J'ai assuré mon mobilier.

S'assurer *de* (se procurer la certitude d'un fait).

    Ex.: Je *m'assurerai de* l'exécution de mes ordres.

Astreindre quelqu'un *à* faire quelque chose.

    Ex.: Le professeur a *astreint* les élèves *à* copier ce verbe.

Attacher— (intéresser vivement).

    Ex.: L'étude des mathématiques attache beaucoup.

S'attacher *à* (joindre par l'affection, lier).

    Ex.: Il s'est *attaché à* mon frère.

Être attaché *à* ou *par*.

    Ex.: Il est *attaché aux* richesses.

Attaquer—.

    Ex : On a attaqué la diligence.

S'attaquer *à*.
>Ex.: L'envie *s'attaque aux* belles actions.

S'attarder *à.*
>Ex.: Il *s'est attardé à* finir son travail.

Atteindre—.
>Ex.: Cette loi atteint une foule de personnes.

Être atteint *de* ou *par*.
>Ex.: Il est *atteint d*'une manie ridicule.

Attendre—.
>Ex.: Elle attend mon retour.

S'attendre *à*.
>Ex.: Elle *s'attend à* ma visite.

Attendrir—.
>Ex.: Cet enfant attendrit toujours le cœur de sa mère.

S'attendrir *sur* quelqu'un.
>Ex.: Elle *s'attendrit sur* mon fils.

Être attendri *à* et *par*.
>Ex.: Il se sentait *attendri aux* discours de Mentor.

Être attendri *de* (suivi d'un infinitif).
>Ex.: Elle était étonnée et *attendrie de* voir dans une si
>vive jeunesse tant de sagesse.

Attenter *à*.
>Ex.: Il *attente à* ma liberté.

Attifer—.
>Ex.: On a attifé la mariée.

Être attifé *de* ou *par*.
>Ex.: Elle est *attifée de* beaux bijoux.

Attribuer quelque chose *à* quelqu'un.
>Ex.: On a *attribué* cette histoire *à* ma mère.

Attrister—.
>Ex.: Il ne faut attrister personne.

Être attristé *de* ou *par*.
>Ex.: Elle était *attristée de* cette circonstance.

Augurer *de*.
>Ex.: Je n'*augure* rien *de* bon de cette affaire.

Autoriser—.

>   Ex.: L'exemple des grands autorise le vice.

Autoriser *à* (suivi d'un infinitif).

>   Ex.: Je vous *autorise à* sortir.

S'autoriser *de* quelque chose *pour* quelque chose.

>   Ex.: Je m'*autorise de* ma franchise *pour* ne pas épargner
>   les autres.

Aventurer—.

>   Ex.: Il a aventuré toute sa fortune.

S'aventurer *à* (suivi d'un infinitif).

>   Ex.: Il s'est *aventuré à* spéculer.

Avertir quelqu'un *de* quelque chose.

>   Ex.: J'ai *averti* mon frère *de* mon arrivée.

Avilir—.

>   Ex.: Son action a avili cet homme.

S'avilir *à*.

>   Ex.: La vertu s'*avilit à* se justifier.

Aviser—.

>   Ex.: Un fou quelquefois peut aviser un sage.

Aviser *à* (faire attention à).

>   Ex.: J'*aviserai à* cela.

S'aviser *de* (suivi d'un infinitif).

>   Ex.: Il s'est *avisé de faire* un voyage.

Avoir—.

>   Ex.: J'ai beaucoup de livres.
>
>   Dans les expressions *avoir soif, avoir honte, avoir envie,
>   avoir peur*, etc., on supprime l'article et on emploie *de*.
>   Ex.: J'ai peur *de* lui.　J'ai soif *de* gloire.
>
>   Mais les deux expressions *avoir affaire, avoir peine* pren-
>   nent la préposition *à*.
>   Ex.: J'*ai eu affaire à* cet avocat. J'*ai peine à* vous croire.
>
>   Dans l'expression *avoir beau* (faire en vain) suivi d'un
>   infinitif, pas de préposition.
>   Ex.: Vous *avez beau crier*, vous ne me faites pas peur.

Avoir, indiquant la volonté ou l'obligation, prend la préposition *à*, suivi d'un infinitif.

Boiser—.

    Ex.: Il a boisé une partie de ce terrain.

Être boisé *de* ou *par*.

    Ex.: Cette montagne est *boisée de* sapins.

Bondir *sur* (sens propre).

    Ex.: Le chat a *bondi sur* la souris.

Bondir *de* (sens figuré).

    Ex.: Il a *bondi de* joie.

Border—.

    Ex.: Avez-vous bordé mon manteau ?

Être bordé *de* ou *par*.

    Ex.: Le chemin est *bordé de* jasmins.

Borner—.

    Ex.: Bornez les promenades de l'enfant.

Se borner *à*.

    Ex.: Je me *borne à* l'étude du français.

Bouffer (manger avec voracité [argot]).

    Ex.: Ces enfants bouffent bien.

Bouffer *de* (si vous spécifiez — enfler).

    Ex.: Cet homme *bouffe de* rire.

Bouffir—.

    Ex.: L'hydropisie lui a bouffi tout le corps.

Être bouffi *de* ou *par*.

    Ex.: Cette personne est *bouffie de* colère.

Bouger *de*.

    Ex.: Ne *bougez* pas *de* votre place.

Bouleverser—.

    Ex.: Cette nouvelle a bouleversé toute la famille.

Être bouleversé *de* ou *par*.

    Ex.: Nous avons été *bouleversés de* cette nouvelle.

Bourrer—.

    Ex.: Bourrez le matelas de crin.

Se bourrer *de*.

    Ex.: Il *se bourre de* friandises.

Être bourré *de* ou *par*.

    Ex.: Il a été *bourré de* coups.

Boursoufler—.

    Ex ; Le vent a boursouflé son visage.

Être boursouflé *de* ou *par*.

    Ex.: Il est *boursouflé d*'orgueil.

Braquer quelque chose *sur* quelque chose.

    Ex.: On a *braqué* le canon *sur* la ville.

Être braqué *sur* ou *par*.

    Ex.: Ses yeux sont *braqués sur* elle.

Briser—.

    Ex.: La domestique a brisé les assiettes.

Être brisé *de* ou *par*.

    Ex.: Je suis *brisé de* fatigue.

Broder—.

    Ex.: Brodez les serviettes.

Être brodé *de* ou *par*

    Ex.: Cette étoffe est *brodée d*'or et *de* soie.

Brouiller—.

    Ex : Il a brouillé tous ces papiers.

Se brouiller *avec*.

    Ex : Je me suis *brouillé avec* ma famille.

Être brouillé *avec* ou *par*.

    Ex.: Il est *brouillé avec* sa sœur.

Buter—.

    Ex.: Il bute chaque fois qu'il tire.

Se buter *à* (sens figuré).

    Ex.: Nous nous sommes *butés à* son obstination.

Se buter *contre*.

    Ex.: En marchant, je me suis *buté contre* lui.

Être buté *à* ou *par*.

    Ex.: Il est *buté à* cela.

Butiner *sur*.

    Ex.: Les abeilles *butinent sur* les fleurs.

C.

Cacher—.

    Ex.: Elle a caché mon portemonnaie.

Se cacher *de*.

    Ex.: Je me suis *caché de* mon frère.

Cadrer *avec*.

    Ex.: Cette femme *cadre* bien *avec* son mari.

Se carrer *dans*.

    Ex.: Il *se carre dans* sa voiture.

Cesser—.

    Ex.: Cessez ce bruit.

Cesser *de* (suivi d'un infinitif).

    Ex.: *Cessez de* vous *plaindre*.

Chagriner—.

    Ex : Elle a chagriné sa mère.

Se chagriner *de*.

    Ex.: Il *se chagrine de* son échec.

Être chagriné *de* ou *par*.

    Ex.: Elle est *chagrinée de* sa maladie.

Chamarrer—.

    Ex.: Elle a chamarré ridiculement sa robe.

Être chamarré *de* ou *par*.

    Ex.: Son habit est *chamarré de* galons.

Changer—.

    Ex.: Il a changé tout cela.

Changer *de*.

    Ex.: En rentrant, il a *changé de* vêtements.

Charger—.

    Ex.: Chargez ce cheval.

Se charger *de*.

    Ex.: Je me *charge de* cette affaire.

Être chargé *de* ou *par*.

    Ex.: Le ciel est *chargé de* nuages.

Chasser—.

> Ex.: Chassez ces chiens.

Chasser quelqu'un *de* quelque chose.

> Ex.: On a *chassé* cet homme *de* sa place.

Chérir —.

> Ex.: Elle chérit l'enfant.

Être chéri *de* ou *par*.

> Ex.: Elle est *chérie de* sa mère.

Choquer—.

> Ex.: Cela choque le bon sens.

Se choquer *de*.

> Ex.: Il s'est *choqué de* sa conduite.

Clouer—.

> Ex.: Clouez le tapis.

Être cloué *sur* ou *par*.

> Ex.: Je suis *cloué sur* mon ouvrage.

Cogner *sur*.

> Ex.: *Cognez sur* le clou.

Collaborer *à*.

> Ex.: J'ai *collaboré à* cet ouvrage.

Commencer—.

> Ex.: J'ai commencé mes leçons.

Commencer *à* (suivi d'un infinitif).

> Ex : J'ai *commencé à acheter* mon trousseau.

Commenter— (annoter).

> Ex.: Il a commenté ses livres.

Commenter *sur* (critiquer).

> Ex.: Il a *commenté sur* mon action.

Communiquer *avec*.

> Ex.: Il a *communiqué avec* les ennemis.

Comparaître *devant* (si vous spécifiez).

> Ex.: Il a *comparu devant* le juge.

Comparer—.

> Ex.: L'expert a comparé les deux écritures.

Se comparer *à*.

    Ex : Il se *compare à* Napoléon.

Compatir *à*.

    Ex.: Je *compatis à* ce malheur.

Complaire *à*.

    Ex.: Je *complais à* ses demandes.

Complimenter—.

    Ex.: Nous avons complimenté cet acteur.

Complimenter *de* (suivi d'un infinitif).

    Ex.: Je vous *complimente d'avoir* fait des progrès.

Composer—.

    Ex.: J'ai composé une valse.

Se composer *de*.

    Ex.: Cette tragédie *se compose de* deux actes.

Compromettre—.

    Ex.: Le nom de ce monsieur compromet l'entreprise.

Se compromettre *avec*.

    Ex.: Il *s'est compromis avec* son ami.

Compter — (nombrer).

    Ex.: Comptez cet argent.

Compter *sur* (faire fond sur quelqu'un).

    Ex.: Je *compte sur* vous.

Conclure *de*.

    Ex.: Je *conclus de* vos observations que vous n'acceptez
       pas.

Concourir *avec* (être en concurrence).

    Ex.: M. X. *concourra avec* M. Y. pour cette place.

Concourir *à* (coopérer).

    Ex.: Il ne *concourt* pas *au* succès de cette affaire.

Condamner—.

    Ex.: On a condamné le criminel.

Être condamné *à* ou *par*.

    Ex.: Il a été *condamné à* mort.

Condescendre *à*.

    Ex.: Elle n'a pas *condescendu à* cette affaire.

Confiner *à*.

    Ex.: Les États-Unis *confinent au* Mexique.

Confluer *avec*.

    Ex.: La Dordogne *conflue avec* la Garonne.

Se conformer *à*.

    Ex.: Je ne peux pas me *conformer à* ces règles.

Connaître—

    Ex.: J'ai connu M. X. il y a longtemps.

Se connaître *en* ou *à*.

    Ex.: 1. Je me *connais* bien *en* chevaux.

    Ex.: 2. Je me *connais au* temps.

Conseiller—.

    Ex.: J'ai conseillé cette fille d'aller à Paris.

Conseiller *de* (suivi d'un infinitif).

    Ex.: Je vous *conseille de voir* un avocat.

Consentir *à*.

    Ex.: Il n'a pas *consenti à* ma requête.

Considérer—.

    Ex.: J'ai considéré cette chose dans tous ses détails.

Considérer *comme*.

    Ex.: Il l'a *considérée comme* prétentieuse.

Consister *à*.

    Ex.: Toute la question *consiste à* savoir si j'ai raison.

Consister *en*.

    Ex.: Toute sa fortune *consiste en* terrains.

Consoler—.

    Ex.: Elle console les affligés.

Se consoler *de*.

    Ex : Je me *console d'*avoir perdu cet argent.

Conspirer—.

    Ex.: Ils ont conspiré la ruine de l'Etat.

Conspirer *de* (suivi d'un infinitif).

    Ex.: Ces hommes ont *conspiré de voler* ma maison.

Contenter—.

    Ex.: Il faut peu de choses pour contenter ce monsieur.

Se contenter *de*.

> Ex.: Il se *contente* d'une honnête médiocrité.

Continuer.

> Ex.: Il continue ses études.

Continuer *à* ou *de* (suivi d'un infinitif).

> Ex. 1. Il *continue à* bien *travailler*.
> Ex. 2. Il *continue de lire*.

Contraindre *à* (suivi d'un infinitif).

> Ex. On a *contraint* cet officier *à démissionner*.

Contrarier—.

> Ex.: Il contrarie toujours ses parents.

Être contrarié *de* ou *par*.

> Ex.: Je suis *contrarié de* cette nouvelle.

Contrevenir *à*.

> Ex.: Elle *contrevient à* mes ordres.

Contribuer *à*.

> Ex.: J'ai *contribué au* succès de cette affaire.

Convenir *à*.

> Ex.: Cette place *convient à* votre fille.

Converser *avec*.

> Ex.: J'ai *conversé avec* lui.

Convertir—.

> Ex.: On a converti l'eau en vin.

Se convertir *à*.

> Ex.: Ces peuples *se* sont *convertis à* la foi.

Convier *à*.

> Ex.: J'ai *convié* mon amie *à* ma fête.

Convoler *en*.

> Ex.: Elle est *convolée en* secondes noces.

Coopérer *à*.

> Ex.: Il a *coopéré à* cette entreprise.

Corner—.

> Ex.: Les oreilles ont dû vous corner (on a beaucoup parlé de vous).

Correspondre *à* (être en rapport).
 Ex.: Je *corresponds aux* sentiments de votre mère.

Correspondre *avec* (communiquer avec).
 Ex.: Je *corresponds avec* lui.

Couronner—.
 Ex.: On a couronné l'empereur.

Être couronné *de* ou *par*.
 Ex.: Elle est *couronnée de* lauriers.

Craindre—.
 Ex.: Je crains le feu.

Craindre *de* (suivi d'un infinitif).
 Ex.: Il *craint de partir*.

Être craint *de* ou *par*.
 Ex.: Il est *craint de* tout le monde.

Cramponner—.
 Ex.: Cramponnez les fers du cheval.

Se cramponner *à*.
 Ex.: Il *se cramponne à* vous.

Cribler— (percer en beaucoup d'endroits).
 Ex.: Les balles ont criblé ce mur.

Être criblé *de* ou *par* (avoir beaucoup de dettes).
 Ex.: Cet homme est *criblé de* dettes.

Croître—.
 Ex.: La population de Chicago a crû en peu de temps.

Croître *de* (si vous spécifiez).
 Ex.: Cette plante a *crû de* dix centimètres.

Crotter—.
 Ex.: La boue a crotté ma jupe.

Être crotté *de* ou *par*.
 Ex.: Je suis *crotté de* boue.

D.

Déblatérer *contre*.
 Ex.: Cet homme *déblatère* toujours *contre* ses amis.

Déchoir *de*.

Ex.: Il a *déchu de* son rang.

Décider *de* (suivi d'un infinitif).

Ex.: J'ai *décidé de faire* un voyage.

Se décider *à*.

Ex.: Je me suis *décidé à* le faire.

Être décidé *à* (si vous spécifiez) et *par*.

Ex.: Je suis *décidé à* le faire.

Déconseiller *de*.

Ex.: J'ai *déconseillé* mon ami *de* faire cette chose.

Décroître *de* (si vous spécifiez la quantité).

Ex.: La rivière a *décrû de* deux pouces.

Dédire—.

Ex.: Il a dédit mon affirmation.

Se dédire *de*.

Ex.: Mon oncle *se dédit de* sa promesse.

Déduire *de*.

Ex.: Je *déduis* cela *de* vos affirmations.

Défaire—.

Ex.: Défaites ce paquet.

Se défaire de.

Ex.: Il s'est *défait de* sa bibliothèque.

Se défausser *de*.

Ex.: Il s'est *défaussé de* son huit de trèfle.

Défendre *de* (suivi d'un infinitif).

Ex.: Je vous *défends de faire* cela.

Défier—.

Ex.: Il a défié son père.

Défier de (suivi d'un infinitif).

Ex.: Je l'ai *défié de prouver* cela.

Se défier *de*.

Ex.: Je me *défie de* lui.

Dégarnir—.

Ex.: Dégarnissez le salon.

Se dégarnir *de*.

> Ex.: Sa tête s'est *dégarnie de* cheveux.

Être dégarni *de* ou *par*.

> Ex.: Le jardin est *dégarni de* sa bordure.

Dégoûter—.

> Ex.: Si vous lui donnez tant à manger vous dégoûterez cet homme.

Se dégoûter *de*.

> Ex.: Je me suis *dégoûté de* ses actions.

Être dégoûté *de* ou *par*.

> Ex.: Il est *dégoûté du* monde.

Délaisser—.

> Ex.: Cette mère a délaissé ses enfants.

Être délaissé *de* ou *par*.

> Ex.: Il est *délaissé de* tous ses amis.

Délibérer *sur*.

> Ex.: Le jury a *délibéré sur* l'affaire.

Délivrer—.

> Ex.: On a délivré le prisonnier.

Se délivrer *de*.

> Ex.: Je voudrais me *délivrer de* cet homme.

Être délivré *de* ou *par*.

> Ex.: Il fut *délivré des* malheurs de cette vie.

Démériter *de*.

> Ex.: Je n'ai point *démérité de* vous.

Démettre—.

> Ex.: On a démis cet ambassadeur.

Se démettre de.

> Ex.: Il s'est *démis de* sa position.

Démunir—.

> Ex.: On a démuni cette place.

Se démunir *de*.

> Ex.: Je me suis *démuni de* cent dollars.

Se dénuer *de*.

> Ex.: Il s'est *dénué de* tout pour ses enfants.

Être *dénué de* ou *par*.

    Ex.: Il *s'est dénué de* ses biens pour le procès.

Départir—.

    Ex.: Il a départi sa fortune aux pauvres.

Se départir *de*.

    Ex.: Cet homme ne *se départ* pas *de* son impassibilité.

Dépêcher—.

    Ex.: Il faut dépêcher cet ouvrage.

Se dépêcher *de*.

    Ex.: Il *se dépêche* toujours *de* manger.

Dépendre— (ôter une chose de l'endroit où elle était pendue).

    Ex.: J'ai dépendu mes tableaux.

Dépendre *de* (être subordonné à).

    Ex.: Les enfants *dépendent de* leurs parents.

Dépêtrer—.

    Ex.: On a dépêtré ce cheval qui s'est embarrassé dans ses traits.

Se dépêtrer *de*.

    Ex.: Le chien *s'est dépêtré du* bourbier.

Être dépêtré *de* ou *par*.

    Ex.: Il est *dépêtré de* cette mauvaise affaire.

Déplaire *à*.

    Ex.: Cela *déplaît à* mon frère.

Déposer—.

    Ex.: Déposez ma malle dans le vestibule.

Être déposé *de* ou *par*.

    Ex.: Il a été *déposé de* sa dignité.

Dépouiller—.

    Ex.: Les voleurs ont dépouillé ce voyageur.

Se dépouiller *de*.

    Ex.: Il *s'est dépouillé de* sa fortune pour les pauvres.

Être dépouillé *de* ou *par*.

    Ex.: Il a été *dépouillé de* son bien.

Dépourvoir *de*.

    Ex.: Il ne faut pas *dépourvoir de* munitions une place de guerre.

Déprendre—.

> Ex.: Ces deux dogues étaient tellement acharnés l'un contre l'autre, qu'on eut toutes les peines à les déprendre.

Se déprendre *de*.

> Ex.: Cet oiseau ne peut pas *se déprendre de* la glu.

Déranger—.

> Ex.: Elle a dérangé ma chambre.

Se déranger *de*.

> Ex.: Il *s'est dérangé de* son occupation.

Être dérangé *de* ou *par*.

> Ex.: Elle a été *dérangée de* sa lecture.

Dériver—.

> Ex.: Voyez ce bateau qui dérive.

Être dérivé *de* ou *par*.

> Ex.: Ce mot est *dérivé du* latin.

Dérober—.

> Ex.: Ce domestique a dérobé la montre de son maître.

Se dérober *à*.

> Ex.: Il *s'est dérobé aux* recherches de la police.

Être dérobé *à* ou *par*.

> Ex.: Cette maison est *dérobée à* nos regards *par* la colline.

Dérouiller—.

> Ex.: Le soldat a dérouillé le sabre de son officier.

Se dérouiller *de*.

> Ex.: Il *s'est dérouillé de* ses manières grossières.

Être dérouillé *de* ou *par*.

> Ex : Il est *dérouillé de* sa gaucherie.

Désabuser—.

> Ex.: Il a bien désabusé ce jeune homme.

Se désabuser *de*.

> Ex.: Il *se désabuse* vite *de* sa croyance.

Être désabusé *de* ou *par*.

> Ex.: Il est *désabusé des* grandeurs.

Désaccoutumer—.
>Ex.: On aura de la peine à le désaccoutumer du vin.

Se désaccoutumer *de*.
>Ex.: Il *s'est désaccoutumé du* jeu.

Être désaccoutumé *de* ou *par*.
>Ex.: Il est *désaccoutumé du* tabac.

Désagréer *à*.
>Ex.: Votre proposition *désagrée à* mon ami.

Désapprouver—.
>Ex.: Il désapprouve cette action.

Se désapprouver *de*.
>Ex.: Il *se désapprouve de* sa conduite.

Être *désapprouvé de* ou *par*.
>Ex.: Il est *désapprouvé de* tout le monde.

Désaveugler—.
>Ex.: Il a réussi à désaveugler son cousin.

Être désaveugler *de* ou *par*.
>Ex.: Il est *désaveuglé de* son amour.

Désespérer— (affliger au dernier point).
>Ex.: Cet enfant désespère sa mère.

Désespérer *de* (ne plus espérer).
>Ex.: Le médecin *désespère de* ce malade.

Se désespérer *de*.
>Ex.: Il *se désespère de* la perte de sa fortune.

Être désespéré *de* ou *par*.
>Ex.: Elle est *désespérée de* la mort de son fils.

Déshabituer—.
>Ex.: Il faut l'en déshabituer.

Se déshabituer *de*.
>Ex.: Il essaie de *se déshabituer du* tabac.

Être déshabitué *de* ou *par*.
>Ex.: Il est *déshabitué de* sa manie.

Désigner—.
>Ex.: Désignez votre heure.

Se désigner *à*.

    Ex.: La bêtise *se désigne* souvent *à* l'air du visage.

Être désigné *à* ou *par*.

    Ex.: Il est *désigné à* l'estime de ses concitoyens.

Désintéresser.—.

    Ex.: Il faut désintéresser cet homme.

Se désintéresser *de*.

    Ex.: Il *se désintéresse de* votre affaire.

Être désintéressé *de* ou *par*.

    Ex.: Il est *désintéressé de* tout cela.

Désirer—.

    Ex.: Il désire la richesse.

Être désiré *de* ou *par*.

    Ex.: La paix est *désirée de* tout le monde.

Se désister *de*.

    Ex.: Il *se désiste de* sa demande.

Désobéir *à*.

    Ex.: Il *désobéit à* ses parents.

Désoler—.

    Ex.: La famine a désolé ce pays.

Se désoler *de*.

    Ex.: Il *se désole de* la mort de son ami.

Être désolé *de* ou *par*.

    Ex.: Il est *désolé de* son accident.

Se dessaisir *de*.

    Ex.: Il ne veut pas se *dessaisir de* ces livres.

Destiner—.

    Ex.: On destine ce jeune homme au barreau.

Se destiner *à*.

    Ex.: Il *se destine à* l'armée.

Être destiné *à* ou *par*.

    Ex.: Il est *destiné à* mourir jeune.

Détacher *de* (dégager une personne ou une chose de l'objet
    auquel elle était attachée).

    Ex.: *Détachez* les chevaux *de* la voiture.

Détacher— (ôter les taches).

    Ex.: La bonne a détaché ma robe.

Se détacher *de*.

    Ex.: Il *se détache de* la société.

Être détaché *à*, *de* ou *par*.

    Ex.: 1. Cet officier est *détaché à* l'état-major.

    Ex.: 2. Ce moine est *détaché des* choses de ce monde.

Déterminer—.

    Ex.: Cela peut déterminer une explosion.

Se déterminer *à*.

    Ex.: Il *s'est déterminé au* suicide.

Être déterminé *à* ou *par*.

    Ex.: Il est *déterminé à* mourir.

Détourner—.

    Ex.: On a détourné l'eau pour la faire arriver dans cette maison.

Se détourner *de*.

    Ex.: Il ne *se détourne* jamais *du* devoir.

Être détourné *de* ou *par*.

    Ex.: Il est souvent *détourné de* son travail.

Se dévêtir *de*.

    Ex.: Il *s'est dévêtu de* son héritage.

Dévouer—.

    Ex.: Il a dévoué son intelligence à cette œuvre.

Se dévouer *à*.

    Ex.: Je *me dévoue aux* œuvres de charité.

Être dévoué *à* ou *par*.

    Ex.: Ces soldats sont *dévoués à* leur général.

Différer— (remettre à un autre temps).

    Ex.: Il a différé le paiement de sa dette.

Différer *de* (avoir une opinion différente).

    Ex.: Je *diffère d'*avis avec vous.

Dire—.

    Ex.: J'ai dit la vérité.

Dire *de* (suivi d'un infinitif).

    Ex.: Je vous *dis de partir.*

Disconvenir *de.*

Ex.: Je ne *disconviens* pas *de* cela.

Discourir *sur.*

Ex.: Socrate passa le dernier jour de sa vie à *discourir sur* l'immortalité de l'âme.

Disculper—.

Ex.: Le juge a disculpé cet homme.

Se disculper *de.*

Ex.: Il s'est *disculpé de* cette accusation.

Être disculpé *de* ou *par.*

Ex.: Il est *disculpé de* son action par le succès.

Disgracier—.

Ex.: Le roi a disgracié ce ministre.

Être disgracié *de* (quand l'agent de la disgrâce est la nature).

Ex.: Il est *disgracié de* la nature.

Dispenser *de*—

Ex.: Ce jeune homme est *dispensé du* service militaire.

Disposer —.

Ex.: On a disposé cette salle pour le bal.

Se disposer *à.*

Ex.: Il *se dispose à* un voyage.

Être disposé *à* ou *par.*

Ex.: Je ne suis pas *disposé à* le faire.

Disputer *contre* (une personne).

Ex.: Comment pouvez-vous *disputer contre* votre frère?

Disputer *de* (une chose).

Ex.: Il ne faut pas *disputer des* goûts et des couleurs.

Dissuader *de* (suivi d'un infinitif).

Ex.: On a *dissuadé* mon frère *de faire* cette chose.

Distraire—.

Ex.: Ne distrayez pas cet écolier.

Se distraire *de.*

Ex.: Il cherche à *se distraire de* sa lecture.

Être distrait *de* ou *par.*

Ex.: Il a été *distrait de* sa douleur.

Divertir—.

    Ex.: Je ne peux pas réussir à divertir ma cousine.

Se divertir *de*.

    Ex.: Il *se divertit de* tout.

Diviser—.

    Ex.: Ces conquérants divisent les peuples pour les af-
faiblir.

Se diviser *en*.

    Ex.: Le cercle est *divisé en* trois cent soixante degrés.

Être divisé *en* ou *par*.

    Ex.: L'année est *divisée en* trois cent soixante-cinq
jours.

Divorcer *avec*.

    Ex.: Elle a *divorcé avec* son mari.

Se domicilier *dans*.

    Ex.: Il *s'est domicilié dans* cette ville.

Donner—.

    Ex.: Il a donné une montre à son fils.

Se donner *à*.

    Ex.: Les Gênois *se* sont *donnés à* Charles VI.

Doubler— (appliquer une étoffe contre l'envers d'une autre.)

    Ex.: Ma couturière a doublé mon manteau.

Doubler— (augmenter du double).

    Ex.: Il a doublé ses capitaux.

Être doublé *de* ou *par*.

    Ex.: Mon corsage est *doublé de* soie.

Douer *de* (si vous spécifiez).

    Ex.: Dieu a *doué* ma femme *d'*une grande patience.

Être doué *de* ou *par*.

    Ex.: Cet enfant est *doué d'*un bon naturel.

Douter *de* (être dans l'incertitude).

    Ex.: Je *doute de* sa parole.

Se douter *de* (croire sur quelque apparence).

    Ex.: Je me *doute de* son arrivée.

Draper—.

    Ex.: Drapez les fenêtres.

Se draper *de*.

    Ex.: Les Romains *se drapaient de* leurs manteaux.

Être drapé *de* ou *par*.

    Ex.: Cette actrice est *drapée d*'étoffe magnifique.

E.

S'ébahir *de*.

    Ex.: Il *s'ébahit de* rien.

Éblouir—.

    Ex.: Le soleil éblouit la vue.

S'éblouir *de*.

    Ex.: Je ne *m'éblouis* pas *de* cette illusion.

Être ébloui *de* ou *par* (sens figure).

    Ex : Il est *ébloui de* son mérite.

Écarter—.

    Ex.: La police a écarté la foule.

S'écarter *de*.

    Ex.: Il *s'est écarté de* son chemin.

Être écarté *de* ou *par*.

    Ex.: Il est *écarté de* ses amis.

Échapper *à* (si vous spécifiez).

    Ex.: Ce volume a *échappé à* la police.

Échapper *de*.

    Ex.: Il a *échappé de* ce naufrage.

S'échapper *de*.

    Ex.: Il *s'est échappé de* prison.

Échiner—.

    Ex.: La voiture a échiné cet homme.

Être échiné *de* ou *par*.

    Ex.: Il a été *échiné de* coups.

Éclipser—.

    Ex.: La lune éclipse le soleil.

S'éclipser *de* (sens de s'absenter).

> Ex.: Il *s'éclipsa de* la cour.

Éconduire—.

> Ex.: J'ai éconduit mon visiteur.

Éconduire *de* ou *par*.

> Ex.: Il a été *éconduit de* cette société.

Écraser—.

> Ex.: Cette poutre, en tombant, a écrasé la main du maçon.

Être écrasé *de, sous* et *par*.

> Ex.: 1. Je suis *écrasé de* travail.
>
> Ex.: 2. L'araignée a été *écrasée sous* ses pieds.

Effaroucher—.

> Ex.: Si vous approchez, vous allez effaroucher ces pigeons.

S'effaroucher *de*.

> Ex.: Mon cheval *s'effarouche de* la plus petite chose.

Être effarouché *de* ou *par*.

> Ex : Il est *effarouché d'*un rien.

S'efforcer *de*.

> Ex.: Il *s'efforce de* soulever ce fardeau.

Effrayer—.

> Ex.: Le bruit a effrayé l'enfant.

S'effrayer *de*.

> Ex.: Je me suis *effrayé de* ses paroles.

Être effrayé *de* ou *par*.

> Ex.: Je suis *effrayé de* son retard.

Égarer—.

> Ex.: J'ai égaré mes gants.

S'égarer *d* .

> Ex.: Je me suis *égaré dans* la forêt.

Être égaré *dans* ou *par*.

> Ex.: Ce chien est *égaré dans* la foule.

Égayer— (rendre gai).

> Ex.: Ce jeune homme égaie la société.

S'égayer *sur* (se permettre des plaisanteries à son sujet).

    Ex.: Je n'aime pas ce monsieur, parce qu'il *s'égaie sur* tout le monde.

S'égosiller *pour* (si vous spécifiez).

    Ex.: Cette femme *s'égosille pour* convaincre ses amis.

S'élancer *sur* et *vers*.

    Ex.: 1. Le chien s'est *élancé sur* moi.

    Ex.: 2. La crainte, le désir nous *élancent vers* l'avenir.

Élever—.

    Ex.: Il faut élever le mur.

S'élever *de* (si vous spécifiez).

    Ex.: Les vapeurs *s'élèvent de* terre.

Être élevé *à*, *de*, *dans*, *contre*, *sur*, *au-dessus* et *par*.

    Ex.: 1. Il est *élevé aux* grands honneurs.

    Ex.: 2. Ce gaz est *élevé de* terre.

    Ex.: 3. Cet enfant a été *élevé dans* la crainte de Dieu.

    Ex.: 4. Cette maison a été *élevée contre* le désir de ma mère.

    Ex.: 5. La maison a été *élevée sur* des magnifiques fondements.

    Ex.: 6. Cet homme a été *élevé au-dessus* de lui-même.

Éloigner—.

    Ex.: Éloignez cette chaise.

S'éloigner *de*.

    Ex.: Il *s'est éloigné de* la cour.

Être éloigné *de* ou *par*.

    Ex.: Elle est *éloignée de* son mari.

Émailler—.

    Ex.: Mille fleurs émaillent les champs.

Être émaillé *de* ou *par*.

    Ex.: La prairie est *émaillée de* fleurs.

Émaner *de*.

    Ex.: Cet ordre émane du maire.

S'émaner *de*.

    Ex.: Les odeurs *s'émanent de* ce tuyau.

Être émané *de* ou *par*.

    Ex.: Cet acte est *émané de* la volonté de la nation.

Embarquer—.

    Ex.: On a embarqué les troupes.

S'embarquer *dans*.

    Ex.: Il *s'est embarqué dans* une mauvaise affaire.

Être embarqué *dans* ou *par*.

    Ex.: Il est *embarqué dans* une fausse démarche.

Embarrasser—.

    Ex.: Ce meuble embarrasse la chambre.

S'embarrasser *dans* et *de*.

    Ex.: 1. Il *s'embarrasse dans* ses discours.

    Ex.: 2. Il *s'embarrasse* toujours *de* paquets.

Être embarrassé *dans*, *de* ou *par*.

    Ex.: 1. Il est *embarrassé dans* sa contenance.

    Ex.: 2. Je suis *embarrassé de* cela.

Embâter—.

    Ex.: Cet ouvrier est fort adroit à bien embâter les mulets.

Être embâté *de* ou *par* (au figuré).

    Ex.: Il est *embâté d'*une affaire bien désagréable.

Embellir—.

    Ex.: Il a embelli cette histoire.

S'embellir *de*.

    Ex.: Paris *s'embellissait des* dépouilles des nations.

Être embelli *de* ou *par*.

    Ex.: La chambre est *embellie de* fleurs.

Émerveiller—.

    Ex.: Cela a émerveillé tout le monde.

S'émerveiller *de*.

    Ex.: Il *s'émerveille de* tout.

Être émerveillé *de* ou *par*.

    Ex.: Il est *émerveillé de* mes progrès.

Émigrer *de* ou *en* (si vous spécifiez).

    Ex.: Cette famille a *émigré d'*Europe en Amérique.

Émoudre—.

    Ex.: Il faut émoudre ce couteau.

Être émoulu *de* ou *par*.

    Ex.: Ce jeune homme est frais *émoulu du* collège.

Émouvoir—.

    Ex.: Il ne faut que le moindre vent pour émouvoir les flots.

Être ému *à, de* ou *par*.

    Ex.: 1. Elle fut *émue à* la vue de péril.

    Ex.: 2. Il est *ému de* compassion.

S'emparer *de*.

    Ex.: Le prétendant *s'est emparé du* trône.

Empêcher—.

    Ex.: Le juge empêchera cette injustice.

S'empêcher *de*.

    Ex.: Il n'a pu *s'empêcher de* pâlir.

Être empêché *de* ou *par*.

    Ex.: Cet homme est *empêché de* sa personne.

Empiéter *sur*.

    Ex.: Vous avez *empiété sur* mon terrain.

Emporter— (enlever, ôter d'un lieu).

    Ex.: On a emporté le malade à l'hôpital.

Emporter *sur* (être supérieur. Au figuré).

    Ex.: L'homme prudent l'*emporte sur* le courageux.

S'emporter— (se fâcher).

    Ex.: Ce monsieur s'emporte souvent.

S'emporter *contre* (si vous spécifiez).

    Ex.: Il *s'emporte contre* ses juges.

Être emporté *de* ou *par*.

    Ex.: Il est *emporté d'*un désir curieux.

S'empresser *de*.

    Ex.: Il *s'empresse* toujours *de* rendre service.

Être enceint *de* ou *par*.

    Ex.: La ville est *enceinte de* murailles.

Enchanter—.

> Ex.: Des gens ignorants croient encore qu'il y a des magiciens qui enchantent les animaux.

Être enchanté *de* ou *par*.

> Ex : Nos cœurs sont *enchantés de* l'amour du monde.

Enchérir *sur*.

> Ex.: J'ai *enchéri sur* ce monsieur pour avoir le livre.

Enclaver *dans*.

> Ex.: On a *enclavé* le département de la Seine *dans* celui de Seine-et-Oise.

Encombrer—.

> Ex.: Les voitures encombrent la rue.

Être encombré *de* ou *par*.

> Ex.: Cette rue est *encombrée de* voitures.

Encourager—.

> Ex.: Les poètes encouragent les vaincus.   ·

Être encouragé *à* ou *par*.

> Ex.: Cet enfant est *encouragé à* bien faire.

Endêver *de*.

> Ex.: Il *endêvait de* votre succès.

Enduire—.

> Ex.: On a enduit le mur de plâtre.

Être enduit *de* ou *par*.

> Ex : Cette barque est *enduite de* goudron.

Enfouir—.

> Ex.: Cet avare a enfoui son trésor.

S'enfouir *dans*.

> Ex.: Le lapin s'est *enfoui dans* son terrier.

Être enfoui *dans* ou *par*.

> Ex.: Ce manuscrit est *enfoui dans* cette armoire.

S'enfuir *de*.

> Ex : Ce garçon s'est *enfui du* collège.

Engager— (donner pour assurance).

    Ex.: Il a engagé sa parole.

Engager *de* (inciter, exhorter à).

    Ex.: Je vous *engage de* payer vos dettes.

Engoncer—.

    Ex.: Cette robe engonce cette jeune fille.

Être engoncé *de* ou *par*.

    Ex.: Elle est *engoncée dans* sa robe.

S'engouer *de*.

    Ex.: Il *s'est engoué de* cette affaire.

S'engouffrer *dans*.

    Ex.: Le vent *s'engouffre dans* la cheminée.

Enhardir—.

    Ex.: Le succès a enhardi mon ami.

S'enhardir *à*.

    Ex.: Je me suis *enhardi à* demander cette faveur.

Enjoindre—.

    Ex.: L'Église enjoint l'observance des fêtes.

Enjoindre *de* (suivi d'un infinitif).

    Ex.: Je vous *enjoins d'être* plus circonspect dans vos discours.

Enjoliver—.

    Ex.: Vous avez bien enjolivé votre salon.

Être enjolivé *de*.

    Ex.: Cette robe a été *enjolivée d'*une garniture élégante.

Ennuyer—

    Ex.: Il ennuie toujours mon frère.

S'ennuyer *de*.

    Ex.: Je *m'ennuie de* lire.

Être ennuyé *de* ou *par*.

    Ex.: Je suis *ennuyé de* cela.

Enorgueillir—.

    Ex.: Les succès de ce jeune homme enorgueillissent sa mère.

S'enorgueillir *de*.

> Ex.: Ce gentilhomme *s'enorgueille de* sa naissance.

Être enorgueilli *de* ou *par*.

> Ex.: Il est *enorgueilli de* sa science.

S'enquêter *de*.

> Ex.: Il *s'enquête* souvent *de* votre santé.

S'enquérir *de*.

> Ex.: Hier, je me suis *enquis de* l'adresse de **M. X.**

Enrager *de*.

> Ex.: Il *enrage du* mal de dents.

Être enragé *contre* quelqu'un.

> Ex.: Il est *enragé contre* vous.

Ensemencer—.

> Ex.: Le fermier a ensemencé son champ.

Être ensemencó *de* ou *par*.

> Ex.: Cette propriété est *ensemencée de* blé.

Entacher—.

> Ex.: Cette décision a entaché son honneur.

Être entaché *de* ou *par*.

> Ex.: Il est *entaché d'*avarice.

Entailler—.

> Ex.: Les enfants ont la manie d'entailler les arbres.

Être entaillé *de* ou *par* (si vous spécifiez la quantité).

> Ex.: Cette poutre a été *entaillée de* trois centimètres.

Entendre—.

> Ex.: J'entends la voix de mon mari.

S'entendre *à* (être compétent dans quelque chose).

> Ex.: Ce monsieur *s'entend aux* affaires.

Enthousiasmer—.

> Ex.: Le spectacle de la nature enthousiasme les cœurs.

S'enthousiasmer *de*.

> Ex.: Les cœurs secs ne *s'enthousiasment de* rien.

Être enthousiasmé *de* ou *par.*

Ex.: Il est *enthousiasmé de* sa spéculation.

S'enticher *de.*

Ex.: Il *s'entiche des* nouvelles doctrines.

Être entiché *de* ou *par.*

Ex.: On le soupçonne d'être *entiché d'*hérésie.

Entourer—.

Ex.: Les courtisans entourent les rois.

S'entourer *de.*

Ex.: Un bon prince doit *s'entourer de* conseillers fidèles.

Être entouré *de* ou *par.*

Ex.: Il est *entouré d'*espions par un tuteur soupçonneux.

S'entr'accuser *de.*

Ex.: Ces deux frères passent leur temps à *s'entr'accuser de* leurs fautes.

Entrecouper—.

Ex.: Les canaux qui entrecoupent les jardins les rendent plus agréables.

Être entrecoupé *de* ou *par.*

Ex.: Ce pays est *entrecoupé de* ruisseaux.

Entrelacer—.

Ex.: Le vent entrelace ses cheveux.

Être entrelacé *de* ou *par.*

Ex.: Les cheveux de la mariée sont *entrelacés de* fleurs.

Entrelarder—.

Ex.: Il faudra entrelarder ce filet de bœuf.

Être entrelardé *de* ou *par.*

Ex.: Cette daube a été *entrelardée de* canelle.

Entrer *dans.*

Ex.: Il est *entré dans* la chambre.

Entretenir—.

Ex.: J'ai entretenu M. X pendant une heure.

S'entretenir *de*.
>   Ex.: Les femmes *s'entretiennent de* bagatelles.

Envelopper—.
>   Ex.: Enveloppez ce linge.

S'envelopper *de*.
>   Ex.: Il *s'enveloppe* toujours *de* mystère.

Être enveloppé *de* ou *par*.
>   Ex.: Elle est *enveloppée de* fourrures.

Envier –.
>   Ex.: Il envie la fortune de son ami.

Être envié *de* ou *par*.
>   Ex.: Il est *envié de* tout le monde.

Environner—.
>   Ex.: Les ennemis environnent la place.

S'environner *de*.
>   Ex.: Ils *s'environnent de* gloire.

Être environné *de* ou *par*.
>   Ex.: Ce prince est *environné de* flatteurs.

S'envoler—.
>   Ex.: Si vous faites du bruit les oiseaux vont s'envoler.

S'envoler *de*.
>   Ex.: Mon serin *s'est envolé de* sa cage.

Épiloguer—.
>   Ex.: Il épilogue les actions de tous ses amis.

Être épilogué *sur* ou *par*.
>   Ex.: Zola est souvent *épilogué sur* ses ouvrages.

Épouvanter—.
>   Ex.: Le bruit du tonnerre a épouvanté cet enfant.

S'épouvanter *de*.
>   Ex.: Il *s'épouvante d'*un rien.

Être épouvanté *de* ou *par*.
>   Ex.: Il est *épouvanté de* cette mort.

S'éprendre *de*.
>   Ex.: Il *s'est épris d'*un amour immense pour cette
>   femme.

Être épris *de* (on n'emploie pas *par* avec ce verbe, parce que le verbe *éprendre* n'existe pas.

    Ex.: Il est *épris de* cette demoiselle.

Équivaloir *à*.

    Ex.: Mon once d'or *équivaut à* quinze onces d'argent.

Ergoter *sur*.

    Ex.: Il *ergote sur* tout.

Essayer—.

    Ex.: J'ai essayé mon nouveau cheval ce matin.

Être essayé *à*, *de* ou *par*.

    Ex.: 1. Ce jeune homme *essaie à* nager.

    Ex.: 2. J'ai *essayé de* faire mon possible.

Estimer—.

    Ex.: Les héritiers ont fait estimer la maison.

S'estimer *de*.

    Ex.: Il *s'estime de* son action.

Être estimé *de* ou *par*.

    Ex.: Il est *estimé de* tout le monde.

Étonner—:

    Ex.: Les exploits de ces héros étonnent l'univers.

S'étonner *de*:

    Ex.: Il ne *s'étonne de* rien.

Être étonné *de* ou *par*.

    Ex.: Il est *étonné de* cette nouvelle.

DES EXPRESSIONS IDIOMATIQUES.

Être *bien* ou *mal avec* quelqu'un (être en bons ou mauvais termes avec quelqu'un).

    Ex.: 1. Je *suis bien avec* mon cousin.

    Ex.: 2. Je *suis mal avec* mon frère.

Être *bien* ou *mal*, sans préposition, signifie: être en bonne ou mauvaise santé.

    Ex.: 1. Je suis bien ce matin.

    Ex.: 2. Je suis mal aujourd'hui.

Y être *pour* (être chez soi pour quelqu'un).
>   Ex.: J'*y suis pour* un tiers.

Être *à* quelque chose (avoir l'esprit à).
>   Ex.: 1. Il *est* toujours *à* se plaindre.
>   Ex.: 2. Il *est* toujours *à* lire, etc.

Être, s'emploie aussi dans le sens impersonnel *il y a*.
>   Ex.: Il est des hommes de génie.

En être, signifie l'état où est une affaire.
>   Ex.: J'*en suis* à la moitié de mon livre.

Être *pour*, signifie marquer la préférence.
>   Ex.: Je *suis pour* celui qui souffre.

Être (signifiant exister).
>   Ex.: Je pense, donc je suis.

Étudier—.
>   Ex.: Il étudie sérieusement les mathématiques.

S'étudier *à*.
>   Ex.: Il *s'étudie à* plaire.

S'évertuer *à*.
>   Ex.: Il *s'évertue à* comprendre ce que je dis.

Évincer—.
>   Ex.: J'ai évincé cet homme.

Être évincé *de* ou *par*.
>   Ex.: Il a été *évincé de* cet emploi.

Exaspérer—.
>   Ex.: Cette insulte a exaspéré mon ami.

S'exaspérer *de*.
>   Ex.: Il *s'exaspère de* sa maladie.

Être exaspéré *de* ou *par*.
>   Ex.: Il est *exaspéré de* la paresse de son fils.

Excéder—.
>   Ex.: La recette a excédé la dépense.

S'excéder *de*.
>   Ex.: Il *s'excède de* travail.

Être excédé *de* ou *par.*
>Ex.: Il est *excédé de* fatigue.

Exceller *dans.*
>Ex.: Il *excelle dans* la peinture.

Exceller *à* (suivi d'un infinitif).
>Ex.: Il *excelle à peindre.*

Excepter—.
>Ex.: On accorda l'amnistie aux rebelles, mais on en excepta les chefs.

S'excepter *de.*
>Ex.: Il *s'excepte du* nombre des méchants.

Être excepté *de* ou *par.*
>Ex.: Il est *excepté de* la liste.

Exciper *de.*
>Ex.: Il *excipe d'*une longue prescription pour ne pas subir sa condamnation.

Exciter—.
>Ex.: Jeanne d'Arc excitait les combattants.

S'exciter *à.*
>Ex.: Il *s'excite au* travail.

Être excité *à* ou *par.*
>Ex.: Il a été *excité à* faire cela.

S'exclamer *à.*
>Ex.: Il s'est *exclamé à* cette nouvelle.

Exclure—.
>Ex.: On a exclu ce monsieur du club.

Être exclu *de* ou *par.*
>Ex.: Il a été *exclu du* voyage.

Excuser—.
>Ex.: Il faut excuser les fautes de la jeunesse.

S'excuser *de.*
>Ex.: Il s'est *excusé de* sa négligence.

Être excusé *de* ou *par.*
>Ex.: Il est *excusé de* l'avoir fait.

Exempter—.
>Ex.: On a exempté ce jeune homme du service militaire.

S'exempter *de.*
> Ex.: Il s'est *exempté de* sa visite.

Être exempté *de* ou *par.*
> Ex.: Il a été *exempté du* service.

Excercer—.
> Ex.: Il n'a pas le droit d'exercer la médecine.

S'exercer *à.*
> Ex.: Il s'est *exercé au* revolver.

Être exercé *à* ou *par.*
> Ex.: Il est *exercé à* la guerre

Exhausser—.
> Ex.: Mon ami a fait exhausser sa maison.

Être exhaussé *de* ou *par* (si vous spécifiez).
> Ex.: Ce mur a été *exhaussé d'*un mètre.

Exhorter *à* (suivi d'un infinitif).
> Ex.: Le prêtre a *exhorté* le condamné *à* mourir en bon chrétien.

Exiler—.
> Ex.: On a exilé ce prince.

S'exiler *de.*
> Ex.: Il s'est *exilé de* son pays.

Être exilé *de* ou *par.*
> Ex.: Il a été exilé de France.

Expirer—.
> Ex.: Il expira entre les bras de ses amis.

Expirer *de* (si vous spécifiez).
> Ex.: Il a *expiré de* froid.

Exposer—.
> Ex.: Chartran a exposé ses derniers tableaux chez Knœdler.

S'exposer *à.*
> Ex.: Il *s'expose à* un danger.

Être exposé *à* ou *par.*
> Ex.: Cet appartement est *exposé au* sud.

Expulser *de.*
> Ex.: On a *expulsé* cette famille *de* la maison.

Extasier—.

　　Ex.: Cette mélodie extasie tout le monde.

S'extasier *sur*.

　　Ex.: Il *s'extasie sur* les moindres détails de ce poème.

Extorquer quelque chose *à* quelqu'un (mais réellement pas de préposition).

　　Ex.: Il a *extorqué* de l'argent *à* sa sœur.

F.

Fâcher—.

　　Ex.: Il ne faut fâcher personne.

Se fâcher *avec* quelqu'un.

　　Ex.: Je me suis *fâché avec* mon frère.

Se fâcher *de* (si vous spécifiez).

　　Ex.: Il s'est *fâché de* son insuccès.

Être fâché *de* ou *par*.

　　Ex.: Il est *fâché de* mon obstination.

Faillir— (errer, se tromper).

　　Ex.: Cet auteur a failli en beaucoup d'endroits.

Faillir *à* (offenser).

　　Ex.: Cet homme a *failli à* l'honneur.

Faillir— (pour exprimer qu'une chose a été sur le point d'arriver).

　　Ex.: J'ai failli tomber hier.

Faire—.

　　Ex.: Dieu a fait le monde en six jours.

Se faire *à* (sens de s'accoutumer à).

　　Ex.: Je me suis *fait à* cette nourriture.

Être fait *de* ou *par* (avec un nom de chose).

　　Ex.: Cette statue est *faite de* marbre.

Familiariser *avec*.

　　Ex.: Il est difficile de *familiariser* une nation *avec* de nouveaux usages.

Fatiguer—.

　　Ex.: La lecture fatigue la vue.

Se fatiguer *à* (suivi d'un infinitif).
>   Ex.: Il *se fatigue à travailler.*

Être fatigué *de* ou *par.*
>   Ex.: Il est *fatigué de* cette conversation.

Feindre—.
>   Ex.: Tous les amants savent feindre.

Feindre *de* (suivi d'un infinitif).
>   Ex.: Il *feint d'être* gai.

Féliciter *de.*
>   Ex.: Je vous *félicite de* votre succès.

Ferrer—.
>   Ex.: J'ai fait ferrer mon cheval.

Être ferré *sur* (être très capable, instruit).
>   Ex.: Il est *ferré sur* la géographie.

Fiancer—.
>   Ex.: Mon oncle a fiancé sa fille.

Se fiancer *à.*
>   Ex.: Il s'est *fiancé à* cette jeune fille.

Être fiancé *à* ou *par.*
>   Ex.: Elle a été *fiancée à* son cousin.

Fichez—.
>   Ex.: Fichez ce clou dans le mur.

Se ficher *de* ([argot] sens de se moquer de).
>   Ex.: Il *se fiche de* tout.

Se fier *à.*
>   Ex.: Je me suis *fié à* votre loyauté.

Finir—.
>   Ex.: J'ai fini la leçon.

Finir *de* (suivi d'un infinitif).
>   Ex.: Je *finis de lire.*

Flanquer un coup de poing *à* [argot].
>   Ex.: Il a *flanqué* un coup de poing *à* son adversaire.

Flatter—.
>   Ex : Il flatte son maître.

Se flatter *de* (suivi d'un infinitif).
>   Ex.: Il *se flatte de* bien *parler* français.

Être flatté *de* ou *par*.

    Ex.: Je suis *flatté de* vos compliments.

Fonder—.

    Ex.: On a fondé une ville dans cet·État.

Se fonder *sur*.

    Ex.: Je me *fonde sur* ce que ma cousine a dit pour faire
        cela.

Fondre—.

    Ex.: Le soleil fond la neige.

Fondre *sur*.

    Ex.: Les soldats ont *fondu sur* l'ennemi.

Forcer—.

    Ex.: Il a forcé mon coffre-fort.

Se forcer *de*.

    Ex.: Il *se force de* comprendre cela.

Forfaire *à* (employé seulement à l'infinitif et au participe
passé).

    Ex.: Cet homme a *forfait à* l'honneur.

Se formaliser *de*.

    Ex.: Il *se formalise de* mes paroles.

Former—.

    Ex.: On a formé une compagnie.

Être formé *de* ou *par*.

    Ex.: L'homme est *formé de* limon.

Fouetter—.

    Ex.: Il a fouetté son chien.

Être fouetté *de* ou *par*.

    Ex.: Il a été *fouetté de* verges.

Fourmiller *de*.

    Ex.: Cette ville *fourmille de* soldats.

Fournir quelque chose *à* quelqu'un.

    Ex.: Il a *fourni* du blé *à* l'armée.

Être fourni *de* ou *par*.

    Ex.: Il est *fourni de* tabac.

Fourrer quelque chose *dans* quelque chose.

    Ex.: Elle a *fourré* son portemonnaie *dans* le tiroir.

Frapper—.

    Ex.: Il a frappé son frère.

Être frappé *de* ou *par*.

    Ex.: Il a été *frappé du* tonnerre.

Fraterniser *avec*.

    Ex.: Les soldats *fraternisent avec* les citoyens.

Frémir *de*.

    Ex.: Il a *frémi de* colère.

Frictionner—.

    Ex.: Elle a frictionné ma jambe.

Se frictionner *avec*.

    Ex.: Elle s'est *frictionnée avec* de l'alcool camphré.

Froisser— (chiffonner).

    Ex.: Froissez ce papier.

Se froisser *de* (blesser, choquer).

    Ex.: Elle s'est *froissée de* vos paroles.

Être froissé *de* ou *par*.

    Ex.: Il a été *froissé de* n'avoir pas été invité.

Frotter— (passer une chose sur une autre en appuyant et en pressant).

    Ex.: Elle frotte les meubles.

Se frotter *à* (se mettre en contact avec).

    Ex.: Il est bon de *se frotter aux* personnes intelligentes.

Fuir—.

    Ex.: Les chats ont fui le chien.

Être fui *de* ou *par*.

    Ex.: Il est *fui de* tout le monde.

G.

Gagner—

    Ex.: Il gagne beaucoup d'argent.

Gagner *à* (suivi d'un infinitif).

    Ex.: Il *gagne à être* connu.

Garantir— (assurer la qualité d'une chose).

    Ex.: Je vous garantis ces gants.

Se garantir *de* (mettre à l'abri).

Ex.: Il faut nous *garantir du* froid.

Être garanti *de* ou *par.*

Ex.: Entrez dans cette maison pour être *garanti de* la pluie.

Garder—.

Ex.: J'ai gardé longtemps cette domestique.

Se garder *de.*

Ex.: *Gardez*-vous *de* tomber.

Gargariser—.

Ex.: Vous ferez bien de gargariser souvent votre gorge·

Se gargariser *avec.*

Ex.: Je me *gargarise avec* de la Listerine.

Garnir quelque chose *de* quelque chose.

Ex.: La modiste a *garni* mon chapeau *de* dentelle.

Se garnir *de* (pourvoir des choses nécessaires).

Ex.: Je me suis *garni de* bois.

Être garni *de* ou *par.*

Ex.: Mon appartement est *garni de* meubles.

Se gaudir *de* quelqu'un.

Ex.: Il *se gaudit de* tout le monde.

Se gausser *de.*

Ex.: Il s'est *gaussé de* moi.

Gaver—.

Ex.: Il a gavé ses poulets.

Se gaver *de.*

Ex.: Ces enfants *se gavent de* bonbons.

Gémir *de* (si vous spécifiez).

Ex.: Cette femme *gémit* tout le temps *de* la mort de son enfant.

Se gendarmer *pour* quelque chose et *contre* quelqu'un.

Ex.: 1. Il *se gendarme pour* peu de chose.

Ex.: 2. Elle *se gendarme contre* son père.

Gêner—.

Ex.: Votre question gêne votre tante.

Se gêner *de* (suivi d'un infinitif).
>   Ex.: Il ne *se gêne* pas *de dire* sa pensée.

Se gêner *avec*.
>   Ex.: Je ne me *gêne* pas *avec* lui.

Être gêné *de* ou *par*.
>   Ex.: Il est *gêné de* votre présence.

Glacer—.
>   Ex.: Ce vent nous glace le visage.

Être glacé *de* ou *par*.
>   Ex.: Elle est *glacée de* stupeur.

Glisser—.
>   Ex.: L'échelle a glissé.

Glisser *sur*.
>   Ex.: J'ai *glissé sur* le trottoir ce matin.

Se glisser *dans*.
>   Ex.: Elle *se glisse dans* toutes mes affaires.

Glorifier—.
>   Ex.: Les fidèles glorifient le Seigneur.

Se glorifier *de*.
>   Ex.: Elle *se glorifie de* son ignorance.

Être glorifié *de* ou *par*.
>   Ex.: Elle est *glorifiée de* sa noblesse.

Gonfler—.
>   Ex.: On a gonflé le ballon.

Être gonflé *de* ou *par*.
>   Ex.: Il est *gonflé d'*orgueil.

Gorger—.
>   Ex.: Cette femme gorge ses enfants.

Se gorger *de*.
>   Ex.: Les soldats *se* sont *gorgés de* butin.

Être gorgé *de* ou *par*.
>   Ex.: Il a été *gorgé de* faveurs.

Goûter— (exercer le sens de goût).
>   Ex.: Avez-vous goûté la soupe?

Être goûté *de* ou *par* (approuver, trouver bon).
> Ex.: Cette comédie a été *goûtée du* public.

Grandir—.
> Ex.: Cet enfant a beaucoup grandi.

Être grandi *de* ou *par* (si vous spécifiez la quantité).
> Ex.: Il a *grandi de* trois centimètres.

Gratifier quelqu'un *de* quelque chose.
> Ex.: On l'a *gratifié d'*une récompense.

Se gratifier *de*.
> Ex.: Elle *s'est gratifiée d'*un titre qui ne lui appartient
> pas.

Être gratifié *de* ou *par*.
> Ex.: Il est *gratifié de* cet emploi.

Gréer—.
> Ex.: On a gréé le bateau.

Être gréé *de* ou *par*.
> Ex.: Ce navire a été *gréé de* toutes ses voiles.

Gripper—.
> Ex.: Le chat a grippé la souris.

Être grippé *de* ou *par*.
> Ex.: Il a été *grippé de* tout son argent.

Gronder—.
> Ex.: Le professeur a grondé ses élèves.

Être grondé *de* ou *par*.
> Ex.: Il a été *grondé de* sa paresse.

Grouper—.
> Ex.: Ce peintre sait bien grouper ses figures.

Se grouper *autour de* quelqu'un.
> Ex.: Les soldats *se* sont *groupés autour de* leur chef.

Gruger— (briser quelque chose de dur avec les dents.)
> Ex.: Il ne faut pas gruger les noix.

Être grugé *de* ou *par* (être dépouillé).
> Ex.: Il a été *grugé de* sa fortune *par* ses associés.

Guérir—.
> Ex.: Le médecin a guéri ma maladie.

Se guérir *de.*

    Ex.: Il *s'est guéri de* son habitude.

Être guéri *de* ou *par.*

    Ex.: Il est *guéri de* son ambition.

H.

Habituer quelqu'un *à* quelque chose.

    Ex.: Il faut *habituer* les enfants *au* travail.

S'habituer à.

    Ex.: Il s'est *habitué à* cet enfant.

Être habitué *à* ou *par.*

    Ex.: Il est *habitué à* mon caractère.

Harasser—.

    Ex.: Vous avez harassé votre cheval.

Être harassé *de* ou *par.*

    Ex.: Elle est *harassée de* fatigue.

Se hargner *avec* [vieux].

    Ex.: Il *se hargne avec* ses parents.

Hâter—.

    Ex.: Hâtez ce travail.

Se hâter *de.*

    Ex.: Je me suis *hâté de* faire mes visites.

Hausser—.

    Ex.: Il faudra hausser cette maison.

Être haussé *de* ou *par* (si vous spécifiez la quantité).

    Ex.: Ce mur a été *haussé de* deux mètres.

Hérisser—.

    Ex.: Le chat hérisse son poil.

Être hérissé *de* ou *par.*

    Ex.: Cette question est *hérissée de* difficultés.

Hériter *de.*

    Ex.: Il a *hérité de* son père.

Heurter—.

    Ex.: Il a heurté ma sœur.

Se heurter *à*.

> Ex.: Il s'est *heurté à* mon obstination.

Honorer—.

> Ex.: Tout le monde honore cet homme.

S'honorer *de*.

> Ex.: Il *s'honore d'*être l'ami de ce général.

Être honoré *de* ou *par*.

> Ex.: Il est *honoré de* notre visite.

Humecter—.

> Ex.: La pluie a humecté le sol.

Être humecté *de* ou *par*.

> Ex.: La terre est *humectée de* rosée.

Hypothéquer—.

> Ex.: Il a hypothéqué sa propriété.

Être hypothéqué *de* ou *par* (si vous spécifiez la somme).

> Ex.: Cette maison est *hypothéquée de* vingt mille francs.

I.

Identifier—.

> Ex.: On a réussi à identifier ce voleur.

S'identifier *avec*.

> Ex.: La législation doit *s'identifier avec* les mœurs.

Idolâtrer—.

> Ex.: Elle idolâtre ses enfants.

Être idôlâtré *de* ou *par*.

> Ex.: Il est *idolâtré de* tout le monde.

Ignorer—.

> Ex.: Elle ignore la question.

Être ignoré *de* ou *par*.

> Ex.: Ce sujet est *ignoré de* mon frère.

Imaginer—.

> Ex.: Il imagine un tas de choses.

S'imaginer *!*

> Ex.: Je *m'imagine de* vos manières, que vous n'êtes pas heureux.

S'imboire (pas admis par l'Académie. Employé seulement au passif).

Être imbu *de* ou *par*.

    Ex.: Vous êtes *imbu de* préjugés.

Imiter—.

    Ex.: Elle imite tout ce qu'elle voit.

Être imité *de* ou *par*.

    Ex.: Ce drame est *imité de* l'anglais.

Immoler quelqu'un *à* quelque chose.

    Ex.: Le prince a *immolé* ce général *à* sa haine.

Impliquer quelqu'un *dans* quelque chose.

    Ex.: On a *impliqué* cet homme *dans* le complot.

Importer— (introduire dans un pays des productions étrangères).

    Ex.: Ce marchand a importé de jolies étoffes.

Importer *de* (suivi d'un infinitif, être d'importance).

    Ex.: Il *importe de travailler*.

Importuner —.

    Ex.: Cet homme importune tous ses amis.

Être importuné *de* ou *par*.

    Ex.: Ce financier est *importuné de* demandes continuelles.

Imposer—.

    Ex.: Il a imposé son opinion.

Être imposé *de* ou *par*.

    Ex.: Ce pays fut *imposé d'*une façon excessive.

Imprégner—.

    Ex.: L'humidité imprègne la terre.

S'imprégner *de*.

    Ex.: Les sots *s'imprègnent de* leurs propres erreurs.

Être imprégné *de* ou *par*.

    Ex.: Il est *imprégné de* cette idée.

Imputer quelque chose *à* quelqu'un.

    Ex.: On a *imputé* ce crime à ce vagabond.

Inciter quelqu'un *à* quelque chose.

    Ex.: Vos mauvais conseils *incitent* ces jeunes gens au mal.

S'inciter *à*.

 Ex.: Ces personnes *s'incitent à* la vertu.

Être incité *à* ou *par*.

 Ex.: Ce jeune homme a été *incité au* vice.

Incliner (pencher, courber).

 Ex.: Il incline la tête.

Incliner *à* (avoir de la prédilection pour quelque chose).

 Ex.: Il *incline au* bien.

Inclure *dans* (défectif).

 Ex.: Il a *inclus* ce billet *dans* ma lettre.

Incommoder—.

 Ex.: La fumée de tabac incommode ma sœur.

Être incommodé *de* ou *par*.

 Ex : Je suis *incommodé de* sa présence.

Incruster—.

 Ex.: On a incrusté la table.

Être incrusté *de* ou *par*.

 Ex.: Cette cassette est *incrustée d'*or.

Indemniser quelqu'un *de* quelque chose.

 Ex.: On a *indemnisé* cet homme *de* son accident.

Indigner—.

 Ex.: Cette injustice a indigné mon mari.

S'indigner *de*.

 Ex.: Je *m'indigne de* vos procédés.

Être indigné *de* ou *par*.

 Ex.: Je suis *indigné de* son insolence.

Indisposer quelqu'un *contre* quelque chose.

 Ex.: Elle *indispose* ses amis *contre* sa sœur.

Induire *de*.

 Ex.: J'*induis de* vos réponses que le sujet est fini.

Être induit *à* ou *par*.

 Ex.: Il a été *induit à* mal faire *par* ses amis.

Infatuer quelqu'un *de* quelque chose.

 Ex.: Il a *infatué* son frère *de* cette idée.

S'infatuer *de* ou *par*.
> Ex.: Il *s'infatue de* sa personne.

Être infatué *de* ou *par*.
> Ex.: Il est *infatué de* cette opinion.

Infecter—.
> Ex.: Les mauvais livres infectent l'esprit.

Être infecté *de* ou *par*.
> Ex.: Il est *infecté d'*une mauvaise odeur.

Inférer *de*.
> Ex.: Qu'*inférez*-vous *de* cet acte?

Être inféré *de* ou *par*.
> Ex.: Ce paradoxe a été *inféré de* votre proposition.

Influer *sur*.
> Ex.: Les bonnes lectures *influèrent sur* notre esprit.

Informer quelqu'un *de* quelque chose.
> Ex.: J'ai *informé* mon ami *de* ma maladie.

S'informer *de*.
> Ex.: Il s'est *informé de* ma santé.

Être informé *de* ou *par*.
> Ex.: J'ai été *informé de* cette affaire.

S'ingénier *à* (suivi d'un infinitif).
> Ex.: Il *s'ingénie à* vous *plaire*.

S'ingérer *de*,
> Ex.: Il *s'ingère de* tout.

Initier quelqu'un *à* quelque chose.
> Ex.: On a *initié* le franc-maçon *aux* mystères de sa loge.

Injecter—.
> Ex.: On lui a injecté de la morphine.

Être injecté *de* ou *par*.
> Ex.: Sa blessure a été *injectée d'*eau tiède.

Innocenter—.
> Ex.: Le jugement a innocenté cet accusé.

Être innocenté *de* ou *par*.
> Ex.: Il a été *innocenté de* son crime.

Inonder—.

> Ex.: La rivière a inondé la ville.

Être inondé *de* ou *par*.

> Ex.: Le pays est *inondé de* soldats.

Inquiéter—.

> Ex.: Elle inquiète sa famille par ses actions.

S'inquiéter *de*.

> Ex.: Je ne *m'inquiète* pas *de* vos menaces.

Être inquiété *de* ou *par*.

> Ex.: Il a été *inquiété de* sa maladie.

Insérer quelque chose *dans* quelque chose.

> Ex.: Il a *inséré* quelque chose dans le *Figaro*.

S'insérer *dans*.

> Ex.: Cette chose ne peut pas *s'insérer dans* le contrat.

Être inséré *dans* ou *par*.

> Ex.: Des notes ont été *insérées dans* ce livre.

Insister *sur*.

> Ex.: L'avocat a beaucoup *insisté sur* ce détail.

Instiguer quelqu'un *à* quelque chose.

> Ex.: Vous avez *instigué* ce garçon *à* la paresse.

Instiller quelque chose *dans* quelque chose.

> Ex.: Il faudra *instiller* quelques gouttes d'essence *dans* cette plaie.

Insulter— (manquer à ce que l'on doit aux personnes ou aux choses).

> Ex.: Cet homme a insulté le drapeau.

Insulter *à* (maltraiter, outrager quelqu'un).

> Ex.: Il a *insulté à* mon malheur.

Intenter quelque chose *à* quelqu'un.

> Ex.: Il a *intenté* un procès *à* son associé.

Être intenté *contre* ou *par*.

> Ex.: Ce procès a été *intenté contre* le légataire universel.

Intercéder *auprès de* quelqu'un *pour* quelqu'un ou quelque chose.

> Ex.: Il a *intercédé auprès du* gouverneur *pour* le criminel.

Interdire *à.*

     Ex.: J'ai *interdit* ma maison *à* cet homme.

Interdire *de* (suivi d'un infinitif).

     Ex.: Je vous *interdis de faire* du bruit.

Être interdit *à, de* ou *par.*

     Ex.: 1. L'entrée de la maison *lui* fut *interdite.*

     Ex.: 2. Il a été *interdit d*'y aller.

Intéresser—.

     Ex.: Vous avez beaucoup intéressé mon frère.

S'intéresser *à.*

     Ex.: Il *s'intéresse à* votre succès.

Être intéressé *à, dans* ou *par.*

     Ex.: 1. Je suis *intéressé à* cette affaire.

     Ex.: 2. Il a été *intéressé dans* cette entreprise.

Interroger—.

     Ex.: Le professeur a interrogé ses élèves.

Être interrogé *sur* ou *par.*

     Ex.: Il a été *interrogé sur* les mathématiques.

Intervenir *dans.*

     Ex.: Il est *intervenu dans* la discussion.

Investir quelqu'un *de* quelque chose.

     Ex.: Le président a *investi* ce général *d*'un commande-
ment.

Inviter quelqu'un *à* quelque chose.

     Ex.: Il a *invité* son ami *à* dîner.

Irriter—.

     Ex.: La persécution irrite les esprits.

S'irriter *de.*

     Ex.: Elle *s'irrite de* vos moqueries contre elle.

J.

Jasper—.

     Ex.: On a jaspé cette armoire.

Être jaspé *de* ou *par.*

     Ex.: Cette étoffe a été *jaspée de* mille couleurs.

Joindre quelque chose *à* quelque chose.

    Ex.: Il a *joint* un supplément *à* son livre.

Se joindre *à*.

    Ex. : Il s'est *joint à* nos applaudissements.

Être joint *à* ou *par*.

    Ex.: Cette maison est *jointe à* celle du voisin.

Joncher quelque chose *de* quelque chose.

    Ex.: On a *jonché* le chemin *de* fleurs.

Se joncher *de*.

    Ex.: La terre *se jonche de* branches.

Être jonché *de* ou *par*.

    Ex. : Après la bataille le sol était *jonché de* morts.

Jouer— (se divertir).

    Ex.: Les enfants jouent sur la plage.

Jouer *à* (jouer à des jeux).

    Ex.: Nous avons *joué aux* cartes hier.

Se jouer *de* (se moquer, tromper par de belles paroles).

    Ex.: Il *se joue de* toutes les personnes qui ont affaire à lui.

Jouir *de*.

    Ex.: Elle *jouit d'*une parfaite santé.

Jurer—.

    Ex.: Monsieur X. a juré fidélité au roi.

Jurer *de* (suivi d'un infinitif).

    Ex.: Il a *juré d'être* sérieux désormais.

Justifier quelqu'un *de* quelque chose.

    Ex.: Le tribunal a *justifié* l'accusé *du* crime.

Se justifier *de*.

    Ex.: Il s'est *justifié de* son accusation.

Être justifié *de* ou *par*.

    Ex.: Il a été *justifié de* son retard.

L.

Lambrisser quelque chose *de* quelque chose.

    Ex.: Il a fait *lambrisser de* bois les murs de sa chambre à coucher.

Être lambrissé *de* ou *par*.

    Ex.: Cette salle de bain est *lambrissée de* stuc.

Lamenter—.

    Ex.: Il lamente la mort de son chien.

Se lamenter *sur*.

    Ex.: Il *se lamente sur* la perte de sa situation.

Lancer—.

    Ex.: Il a lancé une pierre.

Se lancer *dans* (figuré).

    Ex.: Il *s*'est *lancé dans* la littérature.

Languir *de* (si vous spécifiez).

    Ex.: Il *languit de* misère.

Lasser—.

    Ex.: Il lasse tout le monde par son caractère.

Se lasser *de*.

    Ex.: On *se lasse de* tout.

Être lassé *de* ou *par*.

    Ex.: Il est *lassé de* voyager.

Laver— (nettoyer avec de l'eau ou quelque autre liquide).

    Ex.: Elle a lavé la nappe.

Se laver *de* (se justifier).

    Ex.: Il *s*'est *lavé de* son crime.

Lésiner *sur*.

    Ex. Il *lésine sur* tout.

Leurrer—.

    Ex.: Cet homme leurre sa famille.

Se leurrer *de*.

    Ex.: Il *se leurre de* cette espérance.

Libérer quelqu'un *de* quelque chose.

    Ex.: Il a *libéré* son débiteur *de* sa créance.

Se libérer *de*.

    Ex.: Il *s*'est *libéré de* ses dettes.

Être libéré *de* ou *par*.

    Ex.: Il est *libéré du* service militaire.

Lier— (serrer avec un lien).

  Ex.: Il faut lier ce paquet.

Se lier *avec* (contracter amitié avec quelqu'un).

  Ex. : Je me suis *lié avec* votre ami.

Liguer quelqu'un *contre* quelqu'un.

  Ex.: Il a *ligué* tous ces rois *contre* ce pays.

Livrer—.

  Ex.: Les Espagnols ont livré cet homme à l'ennemi.

Se livrer *à* (s'abandonner à).

  Ex.: Il *se livre à* l'étude de l'hébreu.

Louer— (être pris à loyer).

  Ex.: J'ai loué cette maison.

Louer— (honorer et relever le mérite d'une personne).

  Ex.: Nous avons loué son action.

Se louer *de* (témoigner qu'on est satisfait).

  Ex.: Je me *loue d'*avoir fait cela.

Être loué *de* ou *par*.

  Ex.: Elle a été *louée de* son succès.

M.

Machiner quelque chose *contre* quelqu'un.

  Ex.: Il *machine* une trahison *contre* votre ami.

Maculer quelque chose *de* quelque chose.

  Ex.: Il a *maculé* ses doigts *d'*encre.

Mander—.

  Ex.: J'ai mandé le médecin.

Mander *de* (suivi d'un infinitif).

  Ex.: Je lui ai *mandé de venir* immédiatement.

Manquer— (ne pas réussir dans une entreprise).

  Ex.: J'ai manqué ma leçon hier.

Manquer *à* (ne pas faire ce qu'on doit).

  Ex.: Il a *manqué à* son devoir.

Manquer *de* (être sur le point d'éprouver quelque accident).

  Ex.: Il a *manqué de* tomber.

Marier—.

    Ex.: Le maire a marié ce couple.

Se marier *avec*.

    Ex.: Il *s*'est *marié avec* ma cousine.

Maudire—.

    Ex.: Ce monsieur a maudit son fils en mourant.

Se maudire *de*.

    Ex.: Il *se maudit de* son action.

Être maudit *de* ou *par*.

    Ex.: Caïn a été *maudit de* Dieu.

Mécontenter—.

    Ex.: Il mécontente tous ses ouvriers.

Être mécontenté *de* ou *par*.

    Ex.: Il est *mécontenté de* ma conduite.

Médire *de*.

    Ex.: Cette dame *médit de* toutes ses amies.

Méditer— (actif).

    Ex.: Il médite cette question.

Méditer *sur* (neutre).

    Ex.: Il *médite sur* cette question.

Méditer *de* (suivi d'un infinitif).

    Ex.: Il *médite de réparer* ses fautes.

Se méfier *de*.

    Ex.: Je me *méfie de* ma bonne.

Mêler quelque chose *à* quelque chose.

    Ex.: Il *mêle* les affaires *au* plaisir.

Se mêler *de*.

    Ex.: Cette femme *se mêle de* toutes mes affaires.

Menacer quelqu'un *de* quelque chose.

    Ex.: Il a *menacé* son ennemi *d*'un coup de bâton.

Être menacé *de* ou *par*.

    Ex.: Il est *menacé d*'une faillite.

Mépriser—.

    Ex.: Il méprise les richesses.

Se mépriser *de.*

>   Ex.: Il *se méprise de* son action.

Être méprisé *de* ou *par.*

>   Ex.: L'hypocrite est *méprisé de* tous.

Mériter—.

>   Ex.: Il mérite cette récompense.

Mériter *de* (suivi d'un infinitif).

>   Il *mérite d'obtenir* cette situation.

Mesurer—.

>   Ex.: Avez-vous mesuré ce drap?

Se mesurer *avec.*

>   Ex.: Il *se mesure avec* cet homme.

Mésuser *de.*

>   Ex.: Il a *mésusé de* mes bontés.

Métamorphoser—.

>   Ex.: Le séjour à la campagne a métamorphosé cet enfant.

Se métamorphoser *en.*

>   Ex.: Cette chenille *s*'est *métamorphosée* en papillon.

Mettre—.

>   Ex.: J'ai mis mes gants ici.

Se mettre *à* (suivi d'un infinitif).

>   Ex.: Nous nous sommes *mis à manger* à six heures.

Meubler—.

>   Ex.: Vous avez meublé votre maison.

Être meublé *de* ou *par.*

>   Ex.: Cette maison est *meublée d*'objets d'art.

Mixtionner—.

>   Ex.: On a mixtionné un bon breuvage.

Être mixtionné *de* ou *par.*

>   Ex.: Ce vin est *mixtionné de* quelque chose d'amer.

Modeler—.

>   Ex.: Ce sculpteur a passé toute la nuit à modeler.

Se modeler *sur.*

>   Ex.: On doit *se modeler sur* les gens de bien.

Monter—.

    Ex.: Montez l'escalier.

Monter *à* ou *en*.

    Ex.: 1. Il *monte à* cheval tous les matins.

    Ex.: 2. Elle *montera en* voiture (ou *en* chemin de fer) ce matin.

Se moquer *de*.

    Ex.: Elle *se moque de* moi.

Mordre—.

    Ex.: Le chien a mordu le chat.

Se mordre *les pouces de* quelque chose.

    Ex.: Je me suis *mordu les pouces d'*avoir fait cela (je le regrette).

Morfondre—.

    Ex.: Il morfond toutes les personnes auxquelles il fait des promesses.

Se morfondre *de* (suivi d'un infinitif).

    Ex.: Je me suis *morfondu de* vous *attendre*.

Mortifier—.

    Ex.: Votre refus a mortifié cette dame.

Être mortifié *de* ou *par*.

    Ex.: Je suis très *mortifié de* ne *pouvoir* vous accompagner.

Moudre—.

    Ex.: Moulez le café.

Être moulu *de* ou *par*.

    Ex.: Le voleur a été *moulu de* coups.

Mourir—.

    Ex.: Il est mort ce matin.

Mourir *de* (si vous spécifiez).

    Ex.: Il est *mort de* faim.

Munir quelque chose *de* quelque chose.

    Ex.: On a *muni* cette ville *de* vivres.

Se munir *de*.

    Ex.: Je me suis *muni de* papier.

Être muni *de* ou *par*.

> Ex.: La cuisine est *munie de* tous les ustensiles nécessaires.

Mutiler—.

> Ex. : Les sauvages ont mutilé les prisonniers.

Être mutilé *de* ou *par*.

> Ex.: Il est *mutilé d*'un bras.

N.

Nantir—.

> Ex.: Cet homme· ne prête point si on ne le nantit pas auparavant.

Se nantir *de*.

> Ex. : Je me suis *nanti d*'un parapluie.

Être nanti *de* ou *par*.

> Ex.: Il est *nanti de* bonnes recommandations.

Navrer—.

> Ex.: Cette nouvelle a navré ma sœur.

Se navrer *de*.

> Ex.: Il *se navre de* douleur.

Être navré *de* ou *par*.

> Ex.: Il est *navré de* chagrin par cet accident.

Négliger—.

> Ex.: Il néglige ses affaires.

Négliger *de* (suivi d'un infinitif).

> Ex.: Il *néglige de travailler.*

Nourrir—.

> Ex.: La poule nourrit ses poussins.

Se nourrir *de*.

> Ex.: Elle *se nourrit de* lait.

Être nourri *de* ou *par*.

> Ex.: Il est *nourri de* poisson.

Noyer—.

> Ex.: Il a noyé les souris.

Être noyé *de* ou *par*.

  Ex.: Il est *noyé de* dettes.

Nuancer—.

  Ex.: Il a bien nuancé ce tableau.

Être nuancé *de* ou *par*.

  Ex.: Cette étoffe est *nuancée de* jolies teintes.

Nuer—.

  Ex.: La couturière a bien nué ces étoffes.

Nuire *à*.

  Ex.: Cet homme a *nui à* Mme X. auprès de beaucoup de ses amis.

O.

Obéir *à*.

  Ex.: Les enfants doivent *obéir à* leurs parents.

Obliger—.

  Ex.: J'ai obligé mon ami.

Obliger *à* (suivi d'un infinitif).

  Ex.: J'ai *obligé* cet homme *à* me *rendre* mon argent.

Être obligé *de* ou *par*.

  Ex.: Je suis *obligé de* sortir.

Obséder—.

  Ex.: Il obsède tous ses amis.

Être obsédé *de* ou *par*.

  Ex.: Ce monsieur est *obsédé de* demandes continuelles.

Obstiner—.

  Ex.: Votre manière de faire obstine votre cousin.

S'obstiner *à* (suivi d'un infinitif).

  Ex.: Il *s'obstine à vouloir partir*.

Être obstiné *à* ou *par*.

  Ex.: Il est *obstiné à* son travail.

Obtempérer *à*.

  Ex.: Il ne veut pas *obtempérer à* cet ordre.

Obtenir—.

  Ex.: J'ai obtenu une bonne situation.

Obtenir *de* (suivi d'un infinitif).
> Ex.: Il a *obtenu de partir*.

Obvier *à*.
> Ex.: Il n'a pas pu *obvier à* ce malheur.

Occuper—.
> Ex.: Il occupe beaucoup d'hommes.

S'occuper *à* (suivi d'un infinitif).
> Ex.: Il *s'occupe à étudier*.

S'occuper *de* (avec un substantif).
> Ex.: L'avocat *s'occupe de* mon *affaire*.

Être occupé *à, de* ou *par*.
> Ex.: 1. Elle est *occupée à* sa couture.
> Ex.: 2. Il est *occupé de* diverses choses.

Offenser—.
> Ex.: Il a offensé ses amis.

S'offenser *de*.
> Ex.: Il *s'est offensé de* mes paroles.

Être offensé *de* ou *par*.
> Ex.: Il est *offensé de* votre discours.

Offrir—.
> Ex.: Je lui ai offert ma bourse.

Offrir *de* (suivi d'un infinitif).
> Ex.: Il *offre de* me *soigner*.

S'offrir *à*.
> Ex.: Il *s'est offert à* y aller.

Offusquer—.
> Ex.: Cette représentation a offusqué ma cousine.

Être offusqué *de* ou *par*.
> Ex.: Elle a été *offusquée de* vos paroles.

Ombrager—.
> Ex.: Cet arbre ombrage toute la cour.

Être ombragé *de* ou *par*.
> Ex.: Cette fenêtre est *ombragée de* lilas.

Omettre—.
> Ex.: Il a omis un mot.

Omettre *de* (suivi d'un infinitif).
> Ex.: Il a *omis d'écrire.*

Opiniâtrer—.
> Ex.: N'opiniâtrez point cela.

S'opiniâtrer *à* (suivi d'un infinitif).
> Ex.: Il *s'opiniâtre à vouloir* se battre avec ce monsieur.

Opposer quelque chose *à* quelque chose.
> Ex.: On a *opposé* une digue *au* torrent.

S'opposer *à.*
> Ex.: Je m'*oppose à* votre départ.

Être opposé *à* ou *par.*
> Ex.: Il est *opposé à* votre mariage.

Opter *entre* ou *pour.*
> Ex.: 1. Il ne sait jamais s'il doit *opter entre* le bien ou le mal.
> Ex.: Cet Alsacien a *opté pour* la France.

Orner quelque chose *de* quelque chose.
> Ex.: La couturière a *orné* cette robe *de* jolies passementeries.

Être orné *de* ou *par.*
> Ex.: Cet appartement est *orné de* jolies boiseries.

Oser—.
> Ex.: Il n'ose pas faire cette démarche.

Être osé *pour* (suivi d'un infinitif).
> Ex.: Il fut *osé pour* le *faire.*

Ôter—.
> Ex.: Ôtez vos vêtements mouillés.

S'ôter *de.*
> Ex.: Ôtez-vous *de* là.

Être ôté *de* ou *par.*
> Ex.: Il a été *ôté de* sa place.

Oublier—.
> Ex.: J'ai oublié ma clef.

Oublier *de* (suivi d'un infinitif).
> Ex.: J'ai oublié *de* vous *demander* votre adresse.

Être oublié *de* ou *par*.

    Ex.: Il a été *oublié de* ses amis.

Outrer—.

    Ex.: Cet ingénieur outre ses ouvriers.

Être outré *de* ou *par*.

    Ex : Il est *outré de* colère.

Ouvrir—.

    Ex.: Ouvrez la porte.

Être ouvert *à* ou *par*.

    Ex.: Sa maison est *ouverte à* tous ses amis.

P.

Pactiser *avec*.

    Ex.: Il a *pactisé avec* son ennemi.

Pâlir—.

    Ex.: En entendant cela il a pâli.

Pâlir *de* (si vous spécifiez).

    Ex.: Il a *pâli de* colère.

Palisser—.

    Ex.: Le jardinier a bien palissé ces pêchers.

Être palissé *de* ou *par*.

    Ex.: Ce mur est *palissé de* poiriers.

Palpiter *de* (si vous spécifiez).

    Ex : Il *palpite de* crainte.

Se pâmer *de* (si vous spécifiez).

    Ex.: Cet enfant *se pâme de* douleur.

Paralyser—.

    Ex.: Cet accident a paralysé son bras.

Être paralysé *de* ou *par*.

    Ex : Il est *paralysé de* peur.

Pardonner—.

    Ex.: Il a pardonné votre insolence.

Pardonner *de* (suivi d'un infinitif).

    Ex.: Je vous *pardonne d'avoir* fait cela.

Être pardonné *de* ou *par*.

> Ex.: Il a été *pardonné de* son crime.

Parer— (orner, embellir).

> Ex.: On a paré l'autel.

Parer— (éviter un coup).

> Ex.: Il a paré le coup de son adversaire.

Parer *à* (neutre).

> Ex : Il n'a fait que *parer aux* coups.

Parer *de* et *contre* (mettre à couvert, défendre).

> Ex.: 1. Une ombrelle nous *pare du* soleil.
> Ex.: 2. Ce bois *pare* la maison *contre* le vent.

Se parer *de* (si vous spécifiez).

> Ex.: Elle *se pare des* vertus qu'elle n'a pas.

Parfumer—.

> Ex.: Les fleurs parfument l'air.

Être parfumé *de* ou *par*.

> Ex.: Ses robes sont *parfumées de* violettes.

Parier—

> Ex.: Je parie dix dollars.

Parier *de* (suivi d'un infinitif).

> Ex.: Je *parie de faire* vingt mille dollars par an.

Parsemer quelque chose *de* quelque chose.

> Ex.: On a *parsemé* le chemin *de* fleurs.

Être parsemé *de* ou *par*.

> Ex.: Cette robe a été *parsemée de* perles.

Participer *à*.

> Ex.: Je *participe à* votre douleur.

Participer *de*.

> Ex.: Le mulet *participe de* l'âne et *du* cheval.

Parvenir *à*.

> Ex.: Nous sommes *parvenus à* obtenir cette situation.

Passer—.

> Ex.: Passez le sucre.

Passer *à*.

> Ex.: Ce soldat a *passé à* l'ennemi.

Se passer *de* (savoir se priver, s'abstenir).
> Ex.: Je puis me *passer de* vin.

Passionner—.
> Ex.: La recherche de la fortune passionne cet homme.

Passionner *pour* (si vous spécifiez).
> Ex.: Un homme sage ne se *passionne* point *pour* les futilités.

Patauger *dans*.
> Ex.: Les gamins *pataugent dans* les rues.

Pâtir *de*.
> Ex.: Il a *pâti de* votre absence.

Paver— (couvrir le terrain avec du grès, du caillou, etc.).
> Ex.: On a bien pavé cette rue.

Être pavé *de* ou *par*.
> Ex.: Cette ville est *pavée de* voleurs.

Pavoiser—.
> Ex.: L'amiral a fait pavoiser tous ses vaisseaux.

Être pavoisé *de* ou *par*.
> Ex.: Les navires sont *pavoisés des* couleurs nationales.

Peiner—.
> Ex.: Votre maladie me peine beaucoup.

Se peiner *à* (suivi d'un infinitif).
> Ex.: Il s'est *peiné à travailler* toute la nuit.

Être peiné *de* ou *par*.
> Ex.: Je suis *peiné de* votre accident.

Pénétrer—.
> Ex.: La pluie a pénétré ma robe.

Se pénétrer *de*.
> Ex.: Il faut vous *pénétrer de* votre français.

Être pénétré *de* ou *par*.
> Ex.: Il est *pénétré de* douleur.

Penser *à* (quand il signifie *diriger l'esprit sur une personne ou sur une chose*).
> Ex.: Je *pense à* ma tante.

Penser *de* (quand il signifie, *avoir une opinion d'une personne ou d'une chose*).

 Ex.: Que *pensez*-vous *de* cet opéra?

Percer—.

 Ex.: L'enfant a percé toute la table.

Être percé *de* ou *par*.

 Ex.: Il est *percé de* remords.

Périr *de* (si vous spécifiez).

 Ex.: Il a *péri de* misère.

Permettre—.

 Ex.: Le docteur a permis cette promenade.

Permettre *de* (suivi d'un infinitif).

 Ex.: Il m'a *permis de sortir* aujourd'hui.

Se permettre *de*.

 Ex.: Il s'est *permis de* me critiquer.

Être permis *de* ou *par*.

 Ex.: Dans cette salle, il n'est pas *permis de* fumer.

Permuter *avec*.

 Ex.: Il voudrait *permuter avec* son frère.

Se permuter *dans* et *pour*.

 Ex.: 1. Les règles *se permutent dans* cette grammaire.

 Ex.: 2. Un bénéfice *se permute pour* un autre.

Être permuté *de* ou *par*.

 Ex.: Il est *permuté de* son rang dans l'armée.

Perpétuer—.

 Ex.: C'est la génération qui perpétue les espèces.

Perpétuer *à*.

 Ex.: Cette conquête a *perpétué* leur mémoire *à* leurs descendants.

Se perpétuer—.

 Ex.: Les abus se perpétuent eux-mêmes.

Se perpétuer *dans une charge* (s'y maintenir).

 Ex.: Ils se sont *perpétués dans la charge*.

Être perpétué *de, dans, chez, jusque* et *par*.

 Ex.: 1. La beauté a été *perpétuée de* plusieurs années.

Ex.: 2. La gloire est *perpétuée dans* tous les nobles cœurs.

Ex.: 3. Sa mémoire est *perpétuée chez* nous.

Ex.: 4. Son nom est *perpétué jusqu'à* nous.

Persister *à* (suivi d'un infinitif).

Ex.: Je *persiste à nier* tout ce qu'elle a dit.

Persister *en, dans.*

Ex.: 1. Il *persiste en* ce qu'il a dit ci-dessus.

Ex.: 2. Elle *persiste dans* son aveuglement.

Persuader—.

Ex.: Rien ne persuade mieux les hommes que l'exemple.

Persuader quelqu'un *à* faire une chose.

Ex.: Vous avez *persuadé* votre sœur *à* faire cette chose.

Persuader *de.*

Ex.: Vous croirez nous *persuader de* votre respect envers lui.

Être persuadé *de* ou *par.*

Ex.: Je suis *persuadé de* cela.

Peser—.

Ex.: On a pesé l'enfant hier.

Peser *sur* (une circonstance).

Ex.: C'est une chose qui *pèse sur* le cœur.

Pester *contre.*

Ex.: Je *peste contre* sa vie.

Pétrir—.

Ex.: Ce boulanger pétrit bien.

Pétrir *de* (fig.)

Ex.: Il se croit *pétri d'*un autre limon que le reste des hommes (c'est-à-dire, il se croit d'une nature supérieure).

Être pétri *de* ou *par.*

Ex.: L'hypocrite en fraudes futiles
Dès l'enfance est *pétri de* fard.

Peupler—.

Ex.: On a peuplé ces forêts de gibier.

Se peupler *de.*

    Ex.: Ce pays commence à *se peupler* d'habitants.

Être peuplé *de* ou *par.*

    Ex.: Ces montagnes sont *peuplées de* voleurs.

Piller—.

    Ex.: L'ennemi a pillé la ville.

Être pillé *de* ou *par.*

    Ex.: Cette maison a été *pillée de* son vin.

Piquer—.

    Ex.: Les mouches piquent les animaux.

Se piquer *de* (prendre une chose en mauvaise part [figuré]).

    Ex.: Cet homme *se pique de* la moindre chose.

Être piqué *de* ou *par.*

    Ex.: Il a été *piqué de* votre observation.

Plaindre—.

    Ex.: Je plains vos erreurs.

Se plaindre *de ce que* (avec un autre mode que l'infinitif).

    Ex.: Il *se plaint de ce qu'*on l'avait volé.

Se plaindre *de* (suivi d'un infinitif).

    Ex.: Il *se plaint de* trop *travailler.*

Se plaindre *que.*

    Ex.: Cet homme a tort de *se plaindre qu'*on l'ait volé.

Être plaint *de* ou *par.*

    Ex.: Il est *plaint de* tous ses amis.

REMARQUE.—Se plaindre *de ce que,* et se plaindre *que* ont une signification différente. La première locution suppose toujours un sujet de plainte, tandis que dans la seconde phrase le vol n'ayant pas eu lieu, la plainte ne peut être admise.

Plaire—.

    Ex.: Cette fille plaît beaucoup.

Se plaire *à* (avec un nom d'action).

    Ex.: Il *se plaît à* la chasse.

Se plaire *dans* (avec un nom d'action).

    Ex.: Il *se plaît dans* la solitude.

Planter—.

    Ex.: Est-ce que vous avez planté les roses?

Planter quelque chose *de* quelque chose.

Ex.: Elle a *planté* son jardin *de* violettes.

Planter *sur*.

Ex.: J'ai *planté* un baiser *sur* la joue de l'enfant.

Se planter *devant* quelqu'un.

Ex.: Il *se planta devant* cette dame.

Être planté *de* ou *par*.

Ex.: Ce jardin est *planté de* roses.

Être planté *sur* (fam.).

Ex.: Elle est bien *plantée sur* ses pieds.

Plaquer *de*.

Ex.: On a *plaqué* la vaisselle *d'*argent.

Être plaqué *de* ou *par*.

Ex.: Ces assiettes sont *plaquées d'*or.

Plastronner *de*.

Ex.: On a *plastronné* cet homme de cuir pour parer les flèches.

Être plastronné *de*.

Ex.: Il est *plastronné d'*acier.

Pleurer—.

Ex.: Cette dame pleure continuellement.

Pleurer *de* (avec un substantif).

Ex.: L'enfant *pleure de* colère.

Pleurer *sur* (sens de déplorer).

Ex.: La mère *pleure sur* les défauts de son fils.

Être pleuré *de* ou *par*.

Ex.: La mort de cet homme est *pleurée de* (ou *par*) tout le monde.

Plier—.

Ex.: Pliez cette lettre, s'il vous plaît.

Plier *sous*.

Ex.: Elle le *plia* avec douceur *sous* le joug de l'autorité maternelle.

Se plier *à*.

Ex.: Elle *se plie aux* caprices de son mari.

Plonger *dans.*
> Ex.: On a *plongé* le voleur *dans* l'eau.

Se plonger *dans.*
> Ex.: Elle *s'est plongée dans* la douleur.

Poisser—.
> Ex.: Ces confitures lui ont poissé les mains.

Se poisser *de.*
> Ex.: Je me suis *poissé de* miel.

Être poissé *de* ou *par.*
> Ex.: Ma main est *poissée de* colle.

Poser—.
> Ex.: Posez la lampe sur la table.

Se poser *en.*
> Ex.: Ce monsieur *se pose en* victime.

Posséder—.
> Ex.: Il possède un grand héritage.

Se posséder— (garder son sang-froid).
> Ex.: Ce général se possède toujours.

Être possédé *de* ou *par.*
> Ex.: Elle est *possédée d'*ambition.

Poster—.
> Ex.: Le général a bien posté ses soldats.

Se poster *sur.*
> Ex.: Le garçon s'est *posté sur* l'arbre.

Poudrer—.
> Ex.: Poudrez les cheveux de Madame.

Être poudré *de* ou *par.*
> Ex.: Les valets ont été *poudrés de* blanc.

Pouffer *de.*
> Ex.: Il a *pouffé de* rire.

Pourrir—.
> Ex.: L'eau pourrit le bois.

Être pourri *de* ou *par.*
> Ex.: Ce melon est *pourri du* soleil.

Pourvoir *à.*
> Ex.: Le père est obligé de *pourvoir aux* besoins de ses enfants.

Pourvoir *de.*

Ex.: Park et Tilford m'ont *pourvu de* toute mon épicerie.

Être pourvu *de* ou *par.*

Ex.: Cet homme n'est pas *pourvu d'*argent.

Pousser—.

Ex.: Ce monsieur pousse ses succès.

Pousser *vers* (quand vous spécifiez où).

Ex.: *Poussez* la table *vers* moi.

Être poussé *à, de, dans, sur, vers, jusque,* etc., ou *par.*

Ex.: 1. Il a été *poussé à* cette action *par* une force irrésistible.

Ex.: 2. Le pécheur a été *poussé de* ce saint mouvement.

Ex.: 3. Elle est *poussée par* son mari *dans* la foule.

Ex.: 4. Il est *poussé sur* la glace *par* ses camarades.

Ex.: 5. Le navire est *poussé vers* cette côte dangereuse.

Ex.: 6. La plaisanterie est souvent *poussée jusqu'à* l'offense.

Pratiquer—.

Ex.: Ce jeune homme pratique la médecine.

Être pratiqué *de, en, dans, sur* ou *par.*

Ex.: 1. Cette coutume a été *pratiquée de* tous.

Ex.: 2. Il est *pratiqué en* musique.

Ex.: 3. Il est *pratiqué dans* tous les arts.

Ex.: 4. Il est *pratiqué sur* les actions d'Etat.

Précautionner *contre.*

Ex.: Je l'ai *précautionné contre* cet homme.

Se précautionner *contre.*

Ex.: Les enfants *se* sont *précautionnés contre* la médisance.

Être précautionné *contre, de* ou *par.*

Ex.: 1. Elle est *précautionnée contre* le mauvais avis de son frère.

Ex.: 2. Je me suis *précautionné de* mon manteau.

Précéder—.

Ex.: La musique précéda le souper.

Être précédé *de* ou *par.*

Ex.: La fièvre fut *précédée d'*une grande lassitude.

Précipiter—.

  Ex.: Vous voyez qu'il précipite ses pas.

Se précipiter *de* ou *dans*.

  Ex.: 1. Il s'est *précipité de* la fenêtre.

  Ex.: 2. Elle s'est *précipitée dans* la rivière.

Être précipité *de, dans, sur* ou *par*.

  Ex.: 1. Il est *précipité de* sa place.

  Ex.: 2. Il a été *précipité dans* un grand malheur.

  Ex.: 3. Il a été *précipité sur* les rochers.

Précompter—.

  Ex.: De cette somme vous devez précompter les mille francs que vous avez reçus.

Être précompté *de, sur* ou *par*.

  Ex.: 1. La somme de dix mille francs a été *précomptée de* cette note.

  Ex.: 2. Cette somme a été *précomptée sur* l'action de ce fonctionnaire.

Prédestiner—.

  Ex.: Dieu a prédestiné les élus.

Se prédestiner *à*.

  Ex.: Il s'est *prédestiné à* se noyer.

Être prédestiné *à, pour* ou *par*.

  Ex.: 1. L'homme semble, par ses actions, *être prédestiné à* la damnation éternelle.

  Ex.: 2. Il a été *prédestiné pour* sauver les pécheurs.

Prédisposer *à*.

  Ex.: On a *prédisposé* l'enfant *à* prendre la vaccine.

Être prédisposé *à* ou *par*.

  Ex.: Je ne suis pas *prédisposé à* le voir.

Préexister *à*.

  Ex.: Dieu, créateur, *préexistait à* l'univers.

Préexister *dans*.

  Ex.: Point de notion dans l'âme qui n'ait *préexisté dans* la sensation.

Préférer—.

  Ex.: Elle préfère la simplicité.

Préférer— (suivi d'un infinitif).

    Ex.: Il préfère mourir.

Préférer *de* (suivi d'un infinitif).

    Ex.: Il a *préféré de payer* ses dettes.

Préférer *que* (avec le subjonctif).

    Ex.: Je *préfère qu'elle parte.*

Se préférer *à.*

    Ex.: Cette dame *se préfère à* tout le monde.

Être préféré *à* ou *par.*

    Ex.: Ce garçon est *préféré à* sa sœur.

Préjudicier *à.*

    Ex.: Sa négligence a *préjudicié à* ses affaires.

Prélever—.

    Ex.: Il faut prélever cette somme sur la succession pour les frais funéraires.

Être prélevé *sur* ou *par.*

    Ex.: Cette somme a été *prélevée sur* les gages.

Préméditer *de* (suivi de *faire*).

    Ex.: Il a bien *prémédité de faire* cette action.

Préméditer— (sans préposition s'il n'est pas suivi d'un verbe.)

    Ex.: Il a prémédité son crime.

Se préméditer *de.*

    Ex.: Les mauvais desseins se *préméditent de* longue main.

Être prémédité *de* ou *par.*

    Ex.: Cette action a été *préméditée de* longtemps.

Prémunir *contre.*

    Ex.: Il fallait le *prémunir contre* les faux rapports.

Se prémunir *contre.*

    Ex.: Je me suis *prémuni contre* le froid.

Être prémuni *de* ou *par.*

    Ex.: Il a été *prémuni de* sels contre la contagion.

Prendre—.

    Ex.: Il a pris tous ses meubles.

Se prendre *à, de.*

    Ex.: 1. Son habit s'est *pris à* un clou (s'attacher à).

Ex.: 2. Elle *se prit* à pleurer (commencer à).

Ex.: 3. Il s'est *pris* à M. X (attaquer, provoquer).

Ex.: 4. Il *s'est pris de* vin (s'enivrer).

Ex.: 5. Elle *se prend de* paroles (se quereller).

S'en prendre à quelqu'un.

Ex.: Si vous ne faites pas bien l'ouvrage, je m'en *prendrai* à vous (rendre responsable).

Être pris *de* ou *par*.

Ex.: L'enfant est *pris de* la pneumonie.

Préoccuper—.

Ex.: Cette affaire le préoccupe.

Être préoccupé *de* ou *par*.

Ex.: Elle est *préoccupée de* ses affaires.

Préparer—.

Ex.: Préparez mon dîner.

Préparer à.

Ex.: On a *préparé* la femme à la mort.

Se préparer à ou *pour*.

Ex.: 1. Il *s'est préparé au* combat.

Ex.: 2. Elle *s'est préparée pour* le voyage.

Se préparer à (suivi d'un infinitif).

Ex.: Il *s'est préparé à parler* en public.

Être préparé à ou *par*.

Ex.: Il est *préparé à* tous les événements.

Préposer à.

Ex.: On l'a *préposé à* la conduite des travaux.

Préposer *sur*.

Ex.: La France *préposa* Napoléon *sur* toute l'Europe.

Prescrire—.

Ex.: Il a prescrit l'emploi de la quinine.

Prescrire *de* (suivi d'un infinitif).

Ex.: Il m'a *prescrit de faire* des promenades.

Présenter—.

Ex.: Cette fête présentait un beau spectacle.

Se présenter *à, pour.*
>Ex.: 1. Un spectacle *se présenta à* Brutus.
>Ex.: 2. Il *s'est présenté pour* une place.

Se présenter *chez* quelqu'un.
>Ex.: Je me suis *présenté chez* vous hier.

Préserver *de.*
>Ex.: Un Juif m'a *préservé du* glaive des Persans.

Se préserver *de.*
>Ex.: Il *s'est préservé du* péril.

Être préservé *de* ou *par.*
>Ex.: Elle a été *préservée de* la mort *par* l'adresse de son ami.

Présider *à.*
>Ex.: Le président a *présidé à* l'assemblée du clergé.

Presser—.
>Ex.; 1. Pressez la cuisinière (hâter).
>Ex.: 2. Pressez cet habit (repasser avec un fer).
>Ex.: 3. Pressez la viande entre deux assiettes (serrer avec plus ou moins de force).

Se presser *de* (suivi d'un infinitif).
>Ex.: Je me suis *pressé de déjeuner.*

Être pressé *de* ou *par* (suivi d'un infinitif).
>Ex.: Je suis *pressé de faire* mon habit.

Prétendre—.
>Ex.: Je prétends faire le voyage.

Prétendre *à* (aspirer à).
>Ex.: Il *prétend à* la main de ma cousine.

Prétendre *que* (affirmer).
>Ex.: Je *prétends que* vous avez tort.

Prêter—.
>Ex.: Cet homme n'aime pas à prêter.

Se prêter *à.*
>Ex.: Elle *se prête à* l'illusion.

Prétexter—.
>Ex.: De quoi peut-il prétexter un procédé si étrange?

Se prétexter *de*.

> Ex.: Il *s'est prétexté d*'un voyage pour manquer à la réunion.

Prévaloir *sur*.

> Ex.: Il ne faut pas que la coutume *prévale sur* la raison.

Se prévaloir *de*.

> Ex.: Il *s'est prévalu de* sa faiblesse.

Prévenir—.

> Ex.: Il a prévenu ce malheur.

Prévenir *de* (suivi d'un infinitif).

> Ex.: Je vous *préviens de faire* attention.

Être prévenu *de* ou *par*.

> Ex.: Elle est *prévenue du* danger.

Prier—.

> Ex.: Il passe les nuits à prier Dieu.

Prier *à* (inviter).

> Ex.: Je l'ai *prié à* dîner avec moi.

Prier *pour* (intercéder).

> Ex.: J'ai *prié pour* ce garçon auprès de son oncle.

Se faire prier *pour*.

> Ex : Il *s'est fait prier pour* chanter, tandis qu'il en mourait d'envie.

Être prié *à, de* ou *par*.

> Ex.: 1. Il a été *prié à* ce dîner.
>
> Ex.: 2. J'ai été *prié de* vous voir.

Priser—.

> Ex.: 1. Je prise mon employé (estimer).
>
> Ex.: 2. Ce prêtre prise trop (prendre du tabac).

Être prisé *de* ou *par*.

> Ex.: Il est *prisé de* son maître.

Priver—.

> Ex.: N'avoir pas de tabac prive ce garçon.

Priver *de*.

> Ex.: 1. L'arrêt qui le condamne l'a *privé de* tous ses biens (ôter à quelqu'un ce qu'il possède).
>
> Ex.: 2. Je vous *prive de* sortir (défendre).

Se priver *de*.

    Ex.: Par économie je me *prive de* liqueur.

Procéder—.

    Ex.: Cet ouvrage procède bien.

Procéder *à*.

    Ex.: Nous *procédons au* jugement de notre procès.

Procéder *de*.

    Ex.: Sa maladie *procède de* l'âcreté des humeurs.

Procéder *par*.

    Ex.: Le magistrat a *procédé par* ordre de son chef.

Projeter—.

    Ex.: C'était mon frère qui a projeté cette entreprise.

Se projeter *sur*.

    Ex.: Cette figure *se projette sur* la façade de l'édifice.

Promener—.

    Ex.: On a promené ce cheval échauffé.

Se promener *à* cheval.

    Ex.: Je me suis *promené à cheval* hier.

Se promener *en* voiture.

    Ex.: Il *s'est promené en voiture* tous les matins.

Promettre—.

    Ex.: J'ai promis ma fille en mariage hier.

Promettre *de* (suivi d'un infinitif).

    Ex.: J'ai *promis à* ma mère *de* ne pas y *aller*.

Promouvoir—.

    Ex.: Le colonel a promu cet officier.

Être promu *à* ou *par*.

    Ex : Il a été *promu à* l'épiscopat.

Prononcer—.

    Ex.: Il a prononcé son discours avec bonne grâce.

Se prononcer *pour*.

    Ex.: Ce sénateur *s'est prononcé pour* McKinley.

Proportionner—.

    Ex.: On proportionne le remède au mal.

Se proportionner *à*.

    Ex.: La peine *se proportionne à* la grandeur du crime.

Être proportionné *à* ou *par*.
>   Ex.: Votre appointement sera proportionné à votre capacité.

Proposer—.
>   Ex.: Mon frère a proposé un bon plan.

Se proposer *de* (suivi d'un infinitif).
>   Ex.: Je me *propose d'aller* en Europe.

Prostituer—.
>   Ex.: Ce juge prostitue la justice.

Se prostituer *à*.
>   Ex.: Cet homme *se prostitue à* l'or.

Protéger—.
>   Ex.: Mme X. a protégé cette femme.

Se protéger *de*.
>   Ex.: Je me *protège du* soleil.

Être protégé *de* ou *par*.
>   Ex.: Elle était *protégée de* la fureur de sa mère.

Purger —.
>   Ex.: Ce médicament purge la bile.

Se purger *de* (d'une accusation).
>   Ex.: Il *s'est purgé de* ce crime.

Q.

Qualifier—.
>   Ex.: Un adjectif qui qualifie un nom en **prend le genre** et le nombre.

Qualifier (dans le sens d'attribuer un titre, une qualité à une personne, on peut l'employer avec ou sans *de*).
>   Ex : 1. L'arrêt le *qualifie prince*, *duc*, etc., ou
>   Ex.: 2. On le *qualifie de* prince, *de* duc. Mais dans ce sens on le construit ordinairement sans *de*.

Être qualifié *de* ou *par*.
>   Ex.: Il a été *qualifié de* docteur.

Quereller—.
>   Ex.: Il querelle sans cesse ses élèves.

· Se quereller *avec*.

Ex.: Elle *se querelle avec* ses amis.

Questionner—.

Ex.: J'ai questionné mon avocat ce matin.

Questionner *sur*.

Ex.: On l'a *questionné sur* la géographie.

Quitter—.

Ex.: Elle a quitté la ville.

Quitter *de* (une dette).

Ex.: Je vous *quitte de* ce que vous devez.

R.

Raccommoder— (réparer).

Ex.: Raccommodez mes bas.

Raccommoder— (mettre d'accord des personnes qui s'étaient brouillées).

Ex.: Mon frère a raccommodé ces personnes.

Se raccommoder *avec*.

Ex.: Elle *s'est raccommodée avec* son mari.

Se raccoutumer *avec*.

Ex.: Mon cousin français *se raccoutume avec* nos usages.

Raccrocher—.

Ex.: Raccrochez ces tableaux.

Se raccrocher *à*.

Ex.: La dame *s'est raccrochée à* une branche d'arbre pour ne pas se noyer.

Racheter—.

Ex.: J'ai racheté ce livre que j'avais perdu.

Se racheter *de*.

Ex.: L'homme ne *se rachète de* la condition des bêtes que par l'éducation.

Être racheté *de* ou *par*.

Ex.: A l'aspect de ce roi *racheté du* tombeau...

Raffoler *de*.

Ex.: Je *raffole de* la musique.

Ranger —.

> Ex.: Cette dame range ses affaires.

Ranger *à* (soumettre *à*, réduire *à*).

> Ex.: *Range à* ce que tu dois ton âme en patience.

Ranger *de* (faire passer du côté de).

> Ex.: Je parlai à ses parents que je *rangeai de* mon parti, etc.

Ranger *sous* (soumettre).

> Ex.: On a *rangé* ces peuples *sous* la domination d'un prince.

Se ranger *autour de* (une chose).

> Ex.: Nous nous sommes *rangés autour* du feu.

Se ranger *pour* (suivi d'un infinitif)

> Ex.: Ses amis *se rangèrent pour* le *faire* voir.

Se ranger *à* (terme de marine).

> Ex.: Le vent *se range à* l'est.

Se ranger *à l'avis, à l'opinion* de quelqu'un.

> Ex.: Tous les opinants *se rangèrent à* son *avis*.

Se ranger *du parti, du côté de* quelqu'un.

> Ex.: Il s'est *rangé du côté de* McKinley.

Se ranger *sous* (se soumettre).

> Ex.: Nous nous sommes *rangès sous* l'étendard de l'Union.

Rapatrier— (réconcilier).

> Ex.: Il y avait longtemps qu'ils étaient brouillés, on les a rapatriés.

Rapatrier— (ramener dans la patrie).

> Ex.: Le consul français a rapatrié ces pauvres matelots.

Se rapatrier *avec* quelqu'un.

> Ex.: Nous nous sommes *rapatriés avec* lui.

Se rapatrier *de*.

> Ex.: Ils *se* sont *rapatriés de* bonne foi.

Rapiner—.

> Ex.: Il trouve toujours le moyen de rapiner quelque chose.

Rapiner *sur*.

> Ex.: Ce valet *rapine sur* tout ce qu'il achète.

Rappliquer—.

> Ex.: On lui rappliqua la torture pour lui faire avouer ses crimes.

Être rappliqué *à* ou *par*.

> Ex.: Ces règles ont été *rappliquées à* notre sujet par d'autres écrivains.

Rapporter— (apporter de nouveau).

> Ex.: Dites-lui de me rapporter les choses qu'il a emportées.

Se rapporter *à* (avoir de la ressemblance).

> Ex.: Cette affaire *se rapporte à* l'autre crime.

S'en rapporter *à* (avoir confiance en quelqu'un).

> Ex.: Pour faire ce corsage, je *m'en rapporte à* vous.

Rapprocher *de*.

> Ex.: La bienfaisance exercée sur tout un peuple *rapproche* l'homme *de* la divinité.

Rassasier *de*.

> Ex.: On a *rassasié* cet enfant *de* bonnes choses.

Se rassasier *de*.

> Ex.: Il *s'est rassasié de* plaisirs.

Être rassasié *de* ou *par*.

> Ex.: Ce pauvre homme est *rassasié de* dégoûts.

Rasseoir— (replacer).

> Ex.: Rasseyez cette statue tout de suite.

Rasseoir— (calmer).

> Ex.: Donnez-lui le temps de rasseoir son esprit.

S'être rassis *dans*, *sur* ou *par*.

> Ex.: 1. Il *s'est rassis dans* son bain.
> Ex.: 2. Cette statue a été *rassise sur* son piédestal.

Rassoter *de*.

> Ex.: On l'a *rassoté de* cette fille.

Se rassoter *de*.

> Ex.: Il *s'est rassoté d*'un nouvel amour.

Être rassoté *de* ou *par*.

> Ex.: Il est *rassoté de* sa nouvelle maison.

Rassurer—.

> Ex.: Rassurez cette muraille:

Être rassuré *de* ou *par*.

> Ex.: Cet enfant fut *rassuré du* danger *par* la voix de sa mère.

Se ratatiner *au feu*.

> Ex.: Le parchemin *se ratatine au* feu.

Rattacher—.

> Ex.: Rattachez ces chiens tout de suite.

Se rattacher *à* (sens figuré).

> Ex.: Cette question *se rattache à* de grands intérêts.

Ravir—.

> Ex.: Cette femme ravit tout le monde.

Être ravi *de* ou *par*.

> Ex.: L'auditoire a été *ravi d*'admiration à la lecture de cette pièce.

Se raviser *de* (suivi d'un infinitif).

> Ex.: Elle *s*'est *ravisée de vendre* sa maison

Rayer—.

> Ex.: Je préfère cette étoffe rayée.

Être rayé *de* ou *par*.

> Ex.: Ce papier a été *rayé d*'argent.

Réagir *sur* et *contre*.

> Ex.: 1. Les sentiments de l'auditoire *réagissent* souvent *sur* l'orateur.

> Ex.: 2. Ses actions *réagissent contre* lui-même.

Se rebeller *contre*.

> Ex.: Cet enfant *se rebelle contre* ses parents.

Se rebéquer *contre*.

> Ex.: Il *s*'est *rebéqué contre* son père.

Se rebiffer *contre*.

> Ex.: Il *se rebiffe contre* cette proposition.

Recevoir—.

> Ex.: J'ai reçu votre lettre ce matin.

Être reçu *de* (quand il signifie *accueilli, approuvé*).

> Ex.: La mesure de l'amnistie a été bien reçue du public. Partout ailleurs il régit *par*.

Réchapper *de*.

> Ex.: Ce sera un grand bonheur s'il *réchappe de* cette maladie.

Être réchappé *de* (on n'emploie pas *par* avec ce verbe, parce qu'il provient d'un verbe neutre).

> Ex.: Elle est *réchappé de* ce danger.

Réchauffer—.

> Ex.: Cette pauvre mère réchauffe son enfant sur son sein.

Se réchauffer *à* (suivi d'un infinitif).

> Ex.: Il *s*'est *réchauffé à courir*.

Rechercher—.

> Ex.: Ces superbes palais à qui elle donnait un éclat que vos yeux recherchent encore.

Être recherché *de* ou *par*.

> Ex.: Sais-tu pourquoi mes vers sont lus dans la province,
> Sont *recherchés du* peuple et reçus chez le prince?

Rechigner *à*.

> Ex.: Il a *rechigné à* ce travail.

Réclamer— (implorer).

> Ex.: Je réclame votre indulgence.

Réclamer *contre* (protester).

> Ex.: Il *réclame contre* la proposition.

Se réclamer *de* (se mettre sous la protection).

> Ex.: Quand la police l'arrêta, il *se réclama de* vous.

Recommander—.

> Ex.: J'ai recommandé cet ouvrier.

Recommander *de* (suivi d'un infinitif).

> Ex.: Je vous *recommande de faire* attention.

Se recommander *à* (implorer protection de quelqu'un).

> Ex.: Je me *recommande à* vous.

Se recommander *de* (invoquer le témoignage de quelqu'un).

> Ex.: Le vrai mérite *se recommande de* lui-même.

Être recommandé *à* ou *par*.

> Ex.: Il a été recommandé au président.

Récompenser—.

> Ex.: Elle a récompensé le facteur.

Se récompenser *de.*

    Ex.: Il s'est largement *récompensé de* son travail.

Être récompensé *de* ou *par.*

    Ex.: Je serai *récompensé de* ma peine.

Réconcilier—.

    Ex.: J'ai réconcilié mes deux frères.

Se réconcilier *avec.*

    Ex.: Je me *réconcilie avec* mes parents.

Être réconcilié *avec* ou *par.*

    Ex.: Ma sœur est *réconciliée avec* son mari.

Reconnaître—.

    Ex.: J'ai reconnu votre mari hier.

Reconnaître *pour* (signifiant en telle qualité).

    Ex.: Ces soldats *reconnaissent* Boulanger *pour* leur général.

Se reconnaître *à.*

    Ex.: Il s'est *reconnu à* ce portrait.

Recorder—.

    Ex.: Vous devez recorder votre leçon française.

Se recorder *avec* quelqu'un.

    Ex.: Ce monsieur *se recorde avec* M. X.

Recourir *à.*

    Ex.: J'ai *recouru à* Dieu.

Reculer—.

    Ex.: Reculez cette muraille de trois pieds.

Être reculé *de* ou *par.*

    Ex.: Ce pays est *reculé de* nous.

Redélibérer *sur.*

    Ex.: Vous me fatiguez, tant vous délibérez et *redélibérez sur* cette question.

Redélivrer—.

    Ex.: Dieu, qui par la rédemption nous a délivrés de la servitude du démon, nous en redélivre tous les jours par sa grâce.

Être redélivré *de* et *par.*

    Ex.: Cet homme est *redélivré de* sa passion du jeu.

Se rédimer *de.*

    Ex.: Il fit cette donation pour *se rédimer de* son vœu.

Redire— (répéter).

    Ex.: Il a redit cette histoire.

Redire *à* (censurer).

    Ex.: Il trouve à *redire à* tout.

Redonder *de* (si vous spécifiez).

    Ex.: Cette lettre *redonde de* citations.

Redonner—.

    Ex.: Je vous redonne ma confiance.

Redonner *dans.*

    Ex.: Il a *redonné dans* les folles dépenses.

Redouter—.

    Ex.: Vous croyez tous les maux que votre âme redoute.

Être redouté *de* ou *par.*

    Ex.: Elle est *redoutée de* tout le monde.

Réduire—.

    Ex.: On a réduit le prix du charbon.

Réduire *à* (suivi d'un infinitif.)

    Ex.: Il a *réduit* son âme *à* accepter cette petite position.

Être réduit *à* ou *par.*

    Ex.: Elle est *réduite à* la misère.

Référer—.

    Ex.: Je vous réfère tout l'honneur de cette résolution.

Se référer *à* (l'avis de quelqu'un).

    Ex.: Je m'en *réfère à* l'évènement pour justifier ma
        prédiction.

Être référé *à* ou *par.*

    Ex.: Je suis *référé à* vous pour bon avis.

Réfléchir—.

    Ex.: Les miroirs réfléchissent l'image des objets.

Réfléchir *à* (penser).

    Ex.: J'ai *réfléchi à* ce sujet.

Se réfugier *dans, chez, sous* (suivant le cas).

    Ex.: 1. Je me suis *réfugié dans* l'église.

Ex.: 2. Il *s'est réfugié chez* mon oncle.

Ex.: 3. Nous nous sommes *réfugiés sous* l'arbre.

Refuser—.

Ex.: Elle a refusé l'invitation.

Refuser *de* (suivi d'un infinitif).

Ex.: Je *refuse d'avoir* quoi que ce soit à faire avec cela.

Se refuser *à*.

Ex.: Je me *refuse à* le faire.

Régaler— (donner un régal).

Ex.: Cet homme régale ses amis.

Régaler quelqu'un *de* quelque chose.

Ex.: Il nous a *régalé d*'un magnifique bal.

Régaler— (dresser un terrain en enlevant ou en rapportant les terres).

Ex.: On régale les terres après le remblai.

Régler—.

Ex.: Il a réglé toutes ses affaires avant de mourir.

Se régler *sur* quelqu'un ou quelque chose.

Ex.: Elle *se règle sur* les manières de Mme X.

Regorger—.

Ex.: Dans les grandes crues tous les fleuves regorgent.

Regorger *de* (si on spécifie).

Ex.: Cette province *regorge de* fruits.

Faire regorger quelque chose *à* quelqu'un.

Ex.: J'ai fait *regorger à* Marie les mouchoirs qu'elle avait volés à ma mère.

Regreffer —.

Ex.: On a regreffé ces arbres.

Être regreffé *de* (avec un nom de chose).

Ex.: Cet arbre a été greffé et *regreffé d*'un mauvais fruit.

Être regreffé *par* (avec un nom de personne).

Ex.: Cet arbre a été *regreffé par* mon frère.

Regretter—.

Ex.: Je regrette l'affaire plus que vous.

Regretter *de* (suivi d'un infinitif).

Ex.: Je *regrette de l'avoir* fait.

Regretter *que* (lorsque le sujet du second verbe n'est pas le même que celui du premier).

> Ex. : Je *regrette qu'*il soit parti sitôt.

Être regretté *de* ou *par*.

> Ex.: Elle est *regrettée de* tous.

Réhabituer—.

> Ex.: Il faut réhabituer peu à peu cet enfant au travail.

Se réhabituer *à*.

> Ex.: Il s'est *réhabitué au* tabac.

Réimporter —.

> Ex.: Ce marchand a commencé de réimporter des marchandises étrangères.

Être réimporté *de* ou *par*.

> Ex.: Ce sucre a été *réimporté de* Java à Odessa *par* les Hollandais.

Réincorporer—.

> Ex.: On a réincorporé tous ces soldats qui étaient en semestre.

Être réincorporé *à*, *dans* ou *par*.

> Ex.: 1. Ces officiers étaient *réincorporés à* leurs régiments.
>
> Ex.: 2. Ces soldats furent *réincorporés dans* l'armée.

Réinstaller—.

> Ex.: On a réinstallé ce magistrat.

Réinstaller *dans*.

> Ex.: On a *réinstallé* ce prêtre *dans* ses fonctions.

Réintégrer *dans*.

> Ex.: Nous avons *réintégré* Louis *dans* ses biens.

Réinviter *à* (suivi d'un infinitif).

> Ex.: Nous l'avons invité et *réinvité à venir*.

Rejaillir *sur*.

> Ex.: La boue a *rejailli sur* lui.

Réjouir—.

> Ex.: Cette couleur réjouit la vue.

Se réjouir *avec*, *de*.

> Ex.: 1. Je me *réjouis de* votre présence.
> Ex.: 2. Il s'est *réjoui avec* ses amis.

Relâcher—.

Ex.: L'humidité relâche certaines choses

Relâcher *de*.

Ex.: Il ne *relâche* jamais *de* sa sévérité.

Se relâcher *de*.

Ex.: Elle s'est *relâchée de* sa première ferveur.

Reléguer—.

Ex.: Le despotisme relègue ses complices inutiles.

Être relégué *à* ou *par*.

Ex.: La discorde eût été pour toujours *reléguée aux* enfers.

Relier— (coudre ensemble les feuillets d'un livre et y mettre une couverture).

Ex.: Il a bien relié ces livres.

Relier— (unir par des voies de communication).

Ex.: Ce canal relie les deux villes.

Relier *avec* (mettre en relation [figuré]).

Ex.: C'est elle qui m'a *relié avec* Mme X.

Rembourrer—.

Ex.: J'ai fait rembourrer ma salle.

Être rembourré *de* ou *par*.

Ex.: Cette chaise est *rembourrée de* laine.

Rembourser—.

Ex.: J'ai bien remboursé cet homme.

Se rembourser *de*.

Ex.: Il s'est *remboursé de* tous ses efforts.

Être remboursé *de* ou *par*.

Ex.: Il a été *remboursé de* ses frais.

Remédier *à*.

Ex.: Le président a *remédié à* ce mal.

Remercier— (rendre grâce).

Ex.: J'ai remercié mon oncle.

Remercier— (congédier).

Ex.: J'ai remercié mon cocher.

Remercier *de* (suivi d'un infinitif).

Ex.: Je vous *remercie d'être* venu.

Se remercier *de*.

>   Ex.: L'homme vain *se remercie de* son mérite.

Être remercié *de* ou *par*.

>   Ex.: Elle est *remerciée de* son offre *par* son ami.

Remettre *à* (mettre une chose à l'endroit où elle était auparavant).

>   Ex.: J'ai *remis* la lettre *à* cet homme.

Remettre *dans*.

>   Ex.: Il a *remis* l'épée *dans* le fourreau.

Remettre *devant* (sens de *rappeler*).

>   Ex : Sans cesse il lui *remettait devant* les yeux, les vertus de ses ancêtres.

Remettre *en*.

>   Ex.: Le général a *remis* les troupes *en* campagne.

Remettre *sur*.

>   Ex.: Le gouvernement a *remis* l'armée *sur* pied.

Se remettre *à*.

>   Ex.: Il a été forcé de *se remettre au* lit.

Être remis *à, chez, dans, par*, etc.

>   Ex.: 1. Le livre a été *remis à* ma tante.
>   Ex.: 2. Les lettres que vous m'avez données ont été *remises chez* votre père.

Remonter—.

>   Ex.: Remontez la pendule.

Remonter *à* (si on spécifie).

>   Ex.: Elle a *remonté à* sa chambre.

Remoudre—.

>   Ex.: Il faut remoudre ce blé.

Être remoulu *dans* ou *par*.

>   Ex.: Ce café a été *remoulu dans* votre moulin.

Remouiller—.

>   Ex.: Il faut remouiller ces toiles.

Être remouillé *pour* ou *par*.

>   Ex.: Ce drap a été *remouillé pour* qu'il ne retrécisse pas.

Se remparer *de, dans*.

>   Ex.: 1. Voyez comme ils *se remparent d'*une sévérité affreuse et inaccessible.

Ex.: 2. Le régiment, surpris, *se rempara dans* la ville.

Remplir—.

Ex.: Remplissez ces bouteilles tout de suite.

Remplir *de*.

Ex.: L'univers est un temple que Dieu *remplit de* sa gloire et *de* sa présence.

Être rempli *de* ou *par*.

Ex.: Ces bouteilles sont *remplies de* vin.

Rempoissonner—.

Ex.: On a rempoissonné ces étangs.

Être rempoissonné *de* ou *par*.

Ex.: Cette rivière a été *rempoissonnée de* maquereaux.

Renaître—.

Ex.: La nature renaît au printemps.

Être rené *à*.

Ex.: Elle est *renée au* bonheur.

Renchaîner—.

Ex.: Renchaînez les chiens.

Être renchaîné *dans*, *sur* et *par*.

Ex.: 1. Ce chien est *renchaîné dans* l'écurie.

Ex.: 2. Ces animaux ont été *renchaînés sur* le quai.

Rendoubler *de* (si vous spécifiez).

Ex.: *Rendoublez* ma jupe *de* soie noire.

Rendre—.

Ex.: J'ai rendu le livre.

Rendre *à* (aboutir).

Ex.: Ce chemin *rend à* Paris.

Se rendre *à* (se soumettre).

Ex.: Ces soldats *se* sont *rendus à* l'ennemi.

Renfermer *dans* (si on spécifie).

Ex.: On a *renfermé* ce pauvre oiseau *dans* une cage trop étroite.

Se renfermer *à* (suivi d'un infinitif).

Ex.: Depuis votre dernière lettre, je me *renferme à comprendre* le sujet.

Être renfermé *pour* ou *par*.

> Ex.: Il a été *renfermé pour* cause d'inattention.

Renfoncer *dans*.

> Ex.: Dieu n'a qu'à retirer sa main qui nous porte, pour nous *renfoncer dans* l'abîme de notre néant.

Se rengouffrer *dans*.

> Ex.: Le vent *se rengouffre dans* cette allée.

Rengréger—.

> Ex.: L'impatience dans les maladies ne fait que rengréger un mal physique par un mal moral.

Être rengrégé *de* ou *par*.

> Ex.: Sa douleur a été *rengrégée d*'une autre plus grande.

Renommer—.

> Ex.: On a renommé M. Cleveland.

Se renommer *de*.

> Ex.: Je l'ai bien reçu quand il s'est *renommé de* vous.

Renoncer— (actif).

> Ex.: Je l'ai renoncé pour mon ami.

Renoncer *à* (une chose [verbe neutre]).

> Ex.: Elle a *renoncé au* monde.

Renter—.

> Ex.: Nous avons renté cet édifice.

Être renté *de* ou *par*.

> Ex.: Cette maison a été *rentée de* beaux revenus.

Rentonner—.

> Ex.: Il faut rentonner cette liqueur.

Être rentonné *avec, dans* ou *par*.

> Ex.: 1. Ce vin a été *rentonné avec* beaucoup de soin.
> Ex.: 2. Cette bière a été *rentonnée dans* de grandes bouteilles.

Rentortiller—.

> Ex.: Cette ligature est défaite, rentortillez-la.

Être rentortillé *avec, dans, de* ou *par*.

> Ex.: 1. Sa jambe a été *rentortillée avec* soin *par* le chirurgien.

Ex.: 2. C'est la deuxième fois que votre chapeau est *rentortillé dans* ce papier.

Ex.: 8. L'animal fut *rentortillé des* replis du serpent.

Rentraîner *à* (si vous spécifiez).

Ex.: Une âme légère et inconstante se laisse *rentraîner à* ses misères.

Rentrer—.

Ex.: Rentrez, si vous voulez.

Rentrer *avec, chez, dans.*

Ex.: 1. Je suis *rentré avec* mon père.

Ex.: 2. Elle est *rentrée chez* elle.

Ex.: 8. Elle est *rentrée dans* l'église.

Être rentré *avec, chez, dans.*

Ex.: 1. L'enfant est *rentré avec* sa nourrice.

Ex.: 2. Est-il *rentré chez* lui ?

Ex.: 3. Elle est *rentrée dans* son beau palais.

Renverser—.

Ex.: On a renversé l'État.

Se renverser *sur* (si on spécifie).

Ex.: Le cheval s'est *renversé sur* lui.

Être renversé *de* et *par* (figuré).

Ex.: Elle est *renversée de* misères.

Renvier *de.*

Ex.: Il a *renvié de* tant sur moi.

Renvoyer— (retourner).

Ex.: Je vous renvoie votre parapluie.

Renvoyer— (chasser).

Ex.: J'ai renvoyé ma bonne.

Renvoyer *à* (figuré).

Ex.: On a *renvoyé* la gloire *à* celui à qui elle appartenait légitimement.

Réordonner—.

Ex.: On a réordonné ce prêtre.

Réordonner *de* (suivi d'un infinitif).

Ex.: Je vous *réordonne de quitter* la maison.

Réopiner *à.*

Ex.: La cour *réopina à* la peine de cinq ans de fer.

Réopiner *sur*.

    Ex.: Le rapporteur demande à *réopiner sur* la discussion.

Repaître—.

    Ex.: C'est nécessaire de repaître ces animaux.

Repaître *à* (si on spécifie).

    Ex.: Ils ont *repu à* tel endroit.

Se repaître *de*.

    Ex.: Il s'est *repu de* chair.

Être repu *de* et *par*.

    Ex.: Ces enfants sont *repus de* bonne nourriture.

Reparler *de*.

    Ex.: J'ai *reparlé* souvent *de* cette affaire.

Repartager—.

    Ex.: Je veux repartager ces livres.

Être repartagé *avec* et *entre*.

    Ex.: 1. Ces mouchoirs ont été *repartagés avec* ses sœurs.

    Ex.: 2. Les gants ont été *repartagés entre* eux.

Repenser *à*.

    Ex.: Ce que vous me dites mérite que j'y repense.

Se repentir *de*.

    Ex.: Je me *repens de* ma faute.

Replier—.

    Ex.: Il faut replier cette étoffe.

Se replier *sur* (terme militaire).

    Ex.: Ce bataillon *se replia sur* la réserve.

Replonger *dans*.

    Ex.: Il faut *replonger* cette étoffe *dans* la cuve.

Se replonger *dan* .

    Ex.: Il s'est *replongé dans* le vice.

Être replongé *dans*.

    Ex.: Cet homme a été *replongé dans* une affreuse rêverie.

Répondre *à* (répartir à quelqu'un).

    Ex.: Je répondrai à votre lettre demain.

Répondre *de* (être garant de quelqu'un).

    Ex.: Je *réponds de* cet homme.

Être répondu *de* et *par*.
> Ex.: Je suis *répondu de* cette lettre.

Reporter— (porter une chose où elle était).
> Ex : Reportez ces livres chez ma tante.

Reporter— (transporter).
> Ex.: Reportez cette lettre sur la table.

Se reporter *à*.
> Ex.: Il *se reporte au* temps de l'ancien régime.

Reposer *sur*.
> Ex.: *Reposez* le malade *sur* le lit.

Se reposer *dans, de, sur*.
> Ex.: 1. Nous sommes plaisants de nous *reposer dans* la société ce nos semblables.
> Ex.: 2. Je me *repose de* ma fatigue.
> Ex.: 3. Je me *repose* tous les jours *sur* ce canapé.

Repousser—.
> Ex.: Il faut repousser la force par la force.

Repousser *avec*.
> Ex.: Il a *repoussé* cette idée *avec* dédain.

Être repoussé *avec*.
> Ex.: Il a été *repoussé avec* perte.

Reprendre—.
> Ex.: Les Anglais ont repris cette ville.

Reprendre *à*.
> Ex.: Il n'y a rien à *reprendre à* cela.

Être repris *de* et *par*.
> Ex.: Il est *repris de* ses fautes *par* l'opinion.

Représenter (figurer).
> Ex : Nos malheurs ne sont pas toujours aussi grands que notre imagination nous les représente.

Représenter (montrer).
> Ex.: Ces guerres civiles rep ésentent le trouble intérieur de ce pays.

Se représenter *à*.
> Ex.: Cette idée *se représente à* mon souvenir.

Reprocher—.

    Ex.: On a reproché sa conduite.

Reprocher *de* (suivi d'un infinitif).

    Ex.: Je vous *reproche d'être* paresseuse.

Reprouver—.

    Ex.: Il y a des vérités qu'il faut prouver et reprouver sans cesse.

Réprouver—.

    Ex.: Toutes ces personnes ont réprouvé cette proposition.

Être réprouvé *de* ou *par*.

    Ex.: Il est *réprouvé de* tous les gens de bien.

Républicaniser—.

    Ex.: Il est temps de républicaniser cette dette.

Répudier— (renoncer).

    Ex.: La religion défend de répudier sa femme.

Répudier— (rejeter).

    Ex.: Ce garçon a répudié la foi de ses pères.

Répugner *à*.

    Ex.: Ce principe *répugne à* cet autre.

Se répugner *de*.

    Ex.: Il me *répugne de* vous dire cela.

Repulluler—.

    Ex.: Les mauvaises herbes repullulent sans cesse dans le jardin.

Réputer—.

    Ex.: On le répute homme de bien.

Requérir—.

    Ex.: Il a requis la force publique.

Requérir *de* (suivi d'un infinitif).

    Ex.: Il vous *requiert de faire* cela.

Être requis *de* et *par*.

    Ex.: Il m'est *requis de venir* chaque matin.

Réserver—.

    Ex.: C'est bien de réserver vos forces.

Réserver *à*.

    Ex.: Vous pouvez *réserver* cet avis *à* un autre temps.

Réserver *pour*.

    Ex.: Il *réserve* son argent *pour* les besoins imprévus.

Se réserver *à* ou *de* faire quelque chose.

    Ex.: 1. Je me *réserve de faire* connaître mes résolutions.

    Ex.: 2. Elle *se réserve à faire* une promesse.

Se réserver *pour*.

    Ex.: Je ne danserai point de contredanse, je me *réserve pour* la valse.

Résigner—.

    Ex.: Cet nomme a résigné sa position.

Se résigner *à*.

    Ex.: Elle se *résigne à* son sort.

Être résigné *à* ou *par*.

    Ex.: Il est *résigné à* mourir.

Résister *à*.

    Ex.: Aucune autorité ne *résiste à* l'attaque du ridicule.

Résoudre— (faire cesser la consistance).

    Ex.: Le soleil a *résous* le brouillard en pluie.

Résoudre— (déterminer).

    Ex.: Il a *résolu* sa mort.

    REMARQUE.—Voyez la différence entre les participes passés des deux significations.

Se résoudre *à* et *de*.

    Ex.: 1. Tout ce que vous dites là *se résout à* rien.

    Ex.: 2. Il s'est *résolu de* se marier.

Être résolu *à*, *de* et *par*.

    Ex.: 1. Je suis *résolu à* voir cette affaire.

    Ex.: 2. Il est *résolu de* défendre son honneur.

    Ex.: 3. Cette affaire a été *résolue par* le comité en charge.

Respecter—.

    Ex.: Il faut respecter la vieillesse.

Être respecté *de* ou *par*.

    Ex.: Elle est *respectée de* tous.

Respirer—.

    Ex.: L'enfant ne respire pas facilement.

Respirer *après* quelque chose.

Ex.: Cet homme *respire après* l'impossible.

Resplendir—.

Ex.: La nuit est belle, la lune resplendit.

Resplendir *de* (si vous spécifiez).

Ex.: Sa figure *resplendit de* joie.

Ressembler *à*.

Ex.: Ce garçon *ressemble à* sa mère.

Ressentir *de*.

Ex.: Tout *ressent de* ses yeux les charmes innocents.

Se ressentir *de*.

Ex.: Il *se ressent de* sa mauvaise éducation.

Ressortir— (sortir après être sorti).

Ex.: Il est sorti ce matin et il est ressorti ensuite.

Ressortir *à* (être de la dépendance de quelque jurisdiction).

Ex.: Cette affaire *ressortit au* juge de paix.

Se ressouvenir *de*.

Ex.: Je me *ressouviens de* sa perte.

Rester— (reposer).

Ex.: Restez un peu plus.

Rester— (s'emploie avec l'auxiliaire *avoir* dans le sens d'*habiter*).

Ex.: Elle a resté en France deux années.

Rester *à* (suivi d'un infinitif).

Ex.: Elle y est *restée à voir* les églises.

Rester *de* (ce qui reste).

Ex.: Voyez tout ce qui *reste de* mon argent.

En rester (s'arrêter).

Ex.: Je n'ai pas le temps de finir cette question, j'en resterai là aujourd'hui.

Restreindre—.

Ex.: Il a restreint ma liberté.

Se restreindre *à*

Ex.: Pourquoi vous *restreignez*-vous *à* dire la vérité?

Résulter *de*.

Ex.: Des difficultés *résultent de* votre action.

Retentir—

    Ex.: Ô nuit effroyable où retentit cette étonnante nouvelle!

Retentir *de.*

    Ex.: La maison *retentit du* son de ses tristes cris.

Retirer— (tirer de nouveau).

    Ex.: Le général commande à ses troupes de retirer.

Retirer— (éloigner).

    Ex.: Elle a retiré sa protection.

Se retirer *de.*

    Ex.: Il s'est *retiré de* cette association.

Être retiré *de* ou *par.*

    Ex.: Mon mari est *retiré des* affaires.

Retoucher— (corriger, perfectionner).

    Ex.: Il faut retoucher ces vieux tableaux.

Retoucher *à* (toucher de nouveau).

    Ex.: Ne *retouchez* plus *à* cela.

Retourner— (tourner d'un autre sens).

    Ex.: La bonne a retourné le matelas.

Retourner *à* (aller de nouveau).

    Ex.: Quand êtes-vous *retourné à* New-York?

Retrancher—.

    Ex.: Il faut que je retranche mes dépenses.

Retrancher *à* (séparer une partie).

    Ex.: Il faut *retrancher* des branches *à* cet arbre.

Retrancher *de* (rétracter).

    Ex.: Je ne puis rien *retrancher de* ce que j'ai à dire.

Se retrancher *à, dans.*

    Ex.: 1. Elle s'est *retranchée à* ne plus voir que peu de monde.

    Ex.: 2. Une femme peut *se retrancher dans* la pensée comme dans un asile.

Réunir—.

    Ex.: Cette galerie réunit deux corps de logis.

Se réunir *à*.

> Ex.: On a empêché cette province de *se réunir à* ce royaume.

Être réuni *à*.

> Ex.. Il est *réuni à* sa femme pour le reste de ses jours.

Réussir—.

> Ex.: Les blés ont bien réussi cette année.

Réussir *à* (suivi d'un infinitif).

> Ex.: J'ai *réussi à le convaincre*.

Revenir—.

> Ex.: Il est revenu me chercher.

Revenir *à, en, de, dans, sur*.

> Ex.: 1. Les troupes *reviennent à* la charge.
> Ex.: 2. Je suis *revenu en* santé.
> Ex.: 3. Elle est *revenue de* son étonnement.
> Ex.: 4. Cet air ne *revient* pas *dans* mon esprit.
> Ex.: 5. Le soleil *revient sur* l'horizon.

Rêver—.

> Ex.: J'ai rêvé toute la nuit.

Rêver *à* (méditer sérieusement sur quelque chose).

> Ex.: J'ai *rêvé* longtemps *à* cette affaire.

Rêver *de* (si vous spécifiez).

> Ex.: J'ai *rêvé de* naufrages.

Reverser *à* (suivi d'un infinitif).

> Ex.: Vous ne m'avez pas *reversé à boire*.

Reverser *dans*.

> Ex.: *Reversez* ce vin *dans* ces bouteilles.

Revêtir—.

> Ex.: C'est bon de revêtir les pauvres.

Se revêtir *de*.

> Ex.: Nous ne pensons qu'à nous *revêtir des* dépouilles de nos amis.

Être revêtu *de* et *par*.

> Ex.: Il est *revêtu de* la puissance.

Revivifier—.

> Ex.: Nous avons réussi à revivifier mon frère.

Être revivifié *avec* et *par*.

 Ex.: Elle a été *revivifiée avec* de l'esprit de vin.

Revoler *vers*.

 Ex.: Cet oiseau *revole vers* son nid.

Révolter—.

 Ex.: Dès qu'un gouvernement a révolté le sentiment national, il tombe.

Se révolter *de*.

 Ex.: Je me *révolte de* voir les souris.

Être révolté *de* et *par*.

 Ex.: Elle est *révoltée de* cette affaire.

Révoquer—.

 Ex.: J'ai révoqué cet ordre.

Être révoqué *de* ou *par*.

 Ex.: Il a été *révoqué de* sa position.

Rire—.

 Ex.: Je ne rirai plus.

Rire *à, de*.

 Ex.: 1. Cela *rit à* l'imagination.

 Ex.: 2. Nous avons *ri de* lui.

Se rire *de*.

 Ex.: Il *se rit de* vos menaces.

Risquer—.

 Ex : Il a risqué sa vie pour moi.

Risquer *de* (suivi d'un infinitif).

 Ex.: Si vous le faites, vous *risquez de tomber*.

Rivaliser *avec* quelqu'un, ou rivaliser quelqu'un.

 Ex.: Vous n'êtes pas fait pour *rivaliser avec* moi.

Rompre—.

 Ex.: Elle a rompu ses chaînes.

Être rompu *à, de* et *par*.

 Ex.: 1. Cet homme est *rompu aux* affaires.

 Ex.: 2. Elle est *rompue de* fatigue.

Ronger—.

 Ex.: Ne rongez pas vos ongles.

Être rongé *de* et *par*.
>Ex.: Un ambitieux est *rongé de* soucis.

Rosser—.
>Ex.: Je le rosserai si je l'attrape.

Être rossé *de* ou *par*.
>Ex.: Il a été *rossé de* coups de bâton.

Rouer—
>Ex.: On a roué ce pauvre homme.

Être roué *de* ou *par*.
>Ex.: Elle est *rouée de* fatigue.

Rouiller—.
>Ex.: L'eau rouille les métaux.

Être rouillé *sur* (figuré).
>Ex.: Je suis *rouillé sur* la géographie.

Routiner *à*.
>Ex.: J'ai *routiné* cet homme *à* cette besogne.

Ruer—.
>Ex.: Prenez garde à ce cheval, il rue.

Se ruer *sur*.
>Ex.: Les soldats *se ruèrent sur* les ennemis.

Rugir—.
>Ex.: Le lion a rugi toute la nuit.

Rugir *de* (si vous spécifiez).
>Ex.: Elle *rugissait de* rage.

Ruisseler *de*.
>Ex.: Le sang *ruisselait de* ses plaies.

S.

Sacrifier—.
>Ex.: L'auteur a entièrement sacrifié ce rôle de Maxime.

Sacrifier *à* ou *pour*.
>Ex.: 1. Il a *sacrifié* sa fortune *à* son honneur.
>Ex.: 2. Elle *sacrifie* sa vie *pour* ses enfants.

Se sacrifier *pour*.
>Ex.: Les bons citoyens *se sacrifient pour* leur patrie.

Saigner—.

    Ex.: On a saigné le cheval.

Se saigner *pour* (donner tout jusqu'à se gêner [figuré]).

    Ex.: Il *se saigne pour* ses enfants.

Saisir—.

    Ex.: J'ai saisi l'occasion par les cheveux.

Saisir *de*.

    Ex.: Il a *saisi* la cour royale *de* son affaire.

Se saisir *de*.

    Ex.: Il *se saisit du* port.

Être saisi *de* ou *par*.

    Ex.: Je suis encore tout *saisi de* cette nouvelle.

Salarier—.

    Ex.: Cet homme salarie mal ses commis.

Être salarié *de* ou *par*.

    Ex.: Il a été *salarié de* sa peine.

Saluer —.

    Ex.: J'ai salué Mme X. ce matin.

Saluer *de* (si on spécifie: *de* l'épée, *du* drapeau, etc.)

    Ex.: Il m'a *salué de* l'épée.

Satisfaire—.

    Ex.: On ne peut satisfaire tout le monde.

Satisfaire *à* (son devoir).

    Ex.: Il *satisfait aux* plus grands désirs de sa sœur.

Être satisfait *de* (suivi d'un infinitif).

    Ex.: Je suis *satisfait d'avoir* acheté cette maison.

Saturer—.

    Ex.: Il faut saturer cet acide avec un alcali.

Être saturé *de* ou *par*.

    Ex.: Le sel est *saturé d*'eau.

Saupoudrer *avec* ou *de*.

    Ex.: Il faut *saupoudrer* les soles *avec* de la farine.

Être saupoudré *de* ou *par*.

    Ex.: Ce ragoût a été *saupoudré d*'épices.

Sauter—. (Pas de préposition à moins que vous spécifiiez; alors on emploie *dans, dessus, sur*, etc.)

Ex.: 1. Sautez le ruisseau.

Ex.: 2. *Sautez par-dessus* le ruisseau.

Ex.: 3. *Sautez sur* la table.

Ex.: 4. *Sautez dans* la rivière.

Sauver—.

Ex.: Il a sauvé ma vie.

Se sauver *de*.

Ex.: Elle *s'est sauvée de* ce péril.

Être sauvé *de* ou *par*.

Ex.: L'enfant était *sauvé des* eaux *par* sa mère.

Savoir—.

Ex.: Je sais mes leçons.

Être su *de* et *par*.

Ex.: Cette nouvelle est *sue de* tout le monde.

Scandaliser—.

Ex.: Sa vie scandalise tous ses amis.

Se scandaliser *de*.

Ex.: Il *s'est scandalisé de* vos paroles.

Être scandalisé *de* ou *par*.

Ex.: Sa famille est *scandalisée de* ses actions.

Sceller—.

Ex.: Scellez-là, en cire verte.

Être scellé *de* ou *par*.

Ex.: Cette union est *scellée d'*amour.

Secourir—.

Ex.: Elle a secouru ce malheureux.

Secourir *de* (si vous spécifiez).

Ex.: Ce pays *secourt* Cuba *d'*hommes et *d'*argent.

Semer—.

Ex.: On a semé le maïs.

Être semé *de* ou *par*.

Ex.: Ce chemin est *semé de* fleurs.

Séparer—.

Ex.: Ce mur sépare ces deux maisons.

Séparer *de*.

Ex.: La raison *sépare* l'homme *des* animaux.

118 VERBES FRANÇAIS

Se séparer *de.*
> Ex.: Il s'est *séparé de* sa famille.

Être séparé *de* ou *par.*
> Ex.: Je serai bientôt *séparé de* vous.

Seringuer *de* (si vous spécifiez).
> Ex.: Il faut *seringuer* ces plantes *d*'eau de tabac.

Servir—.
> Ex.: Servez le café.

Servir *à, de.*
> Ex.: 1. La grandeur est solide quand elle *sert à* la piété.
> Ex.: 2. Cela *sert de* prétexte.

Se servir *de.*
> Ex.: Il s'est *servi du* crédit de son père.

Sévir—.
> Ex.: Il est imprudent de sévir.

Sévir *contre.*
> Ex.: Il faut *sévir contre* cet abus.

Sevrer—.
> Ex.: On a sevré l'enfant aujourd'hui.

Se sevrer *de.*
> Ex.: Je me *sèvre des* plaisirs du monde.

Signaler *à.*
> Ex.: J'ai *signalé* cet homme *à* votre attention.

Signer—.
> Ex.: J'ai signé le contrat hier.

Se signer (faire le signe de la croix).
> Ex.: En entrant dans l'église, il s'est signé.

Sillonner—.
> Ex.: On a bien sillonné ce champ.

Être sillonné *de* ou *par.*
> Ex.: Son front est *sillonné de* rides.

Solliciter—.
> Ex.: Il sollicite le payement de cette dette.

Solliciter *à* (avec un nom de personne pour sujet).
> Ex.: *Solliciter à* la révolte, ô mon Dieu.

Solliciter *de* (avec un substantif pour régime).
    Ex.: Vous me *sollicitez* d'une lâche action.

Sommer— (terme de mathématique). •
    Ex.: On peut sommer ces quantités sans fractions.

Sommer *de* (qu'il ait à faire telle ou telle chose).
    Ex.: Je l'ai *sommé de* payer.

Songer—.
    Ex.: J'ai songé beaucoup cette nuit.

Songer *à*.
    Ex.: Je *songe à* vous.

Sortir—.
    Ex.: Je ne suis pas sorti hier.

Sortir *de*.
    Ex.: Elle *sort* d'une bonne famille.

Se soucier—.
    Ex.: Je ne me soucie pas qu'il vienne.

Se soucier *de*.
    Ex.: Je ne me *soucie* pas *de* ses paroles.

Souffrir—.
    Ex.: Je ne souffrirai pas votre impudence.

Souffrir *de*.
    Ex.: Je ne *souffre* pas *de* l'estomac.

Être souffert *de* ou *par*.
    Ex.: Elle est à peine *soufferte de* ses amies.

Souhaiter—.
    Ex.: J'ai souhaité l'empire et j'y suis parvenu.

Souhaiter *à, de, que*.
    Ex.: 1. Il a *souhaité* une longue vie *à* ma tante.
    Ex.: 2. Je *souhaite de* vous voir demain.
    Ex.: 3. Je *souhaite que* vous veniez.

Être souhaité *de* ou *par*.
    Ex.: Son retour est *souhaité de* tout le monde.

Souiller *de* (si vous spécifiez).
    Ex.: Elle a *souillé* sa robe *de* boue.

Soûler— (vulgaire).
    Ex.: Il aime le gibier, on l'en a soûlé.

Être soûlé *de* (être ennuyé du scandale [figuré]).

    Ex.: Je suis *soûlé de* tous ces cancans.

Soulever—.

    Ex.: La mer soulève les navires qui sont sur la vase.

Se soulever *contre*.

    Ex.: Toute l'Angleterre s'est *soulevée contre* les Turcs.

Se soulever *pour* (prendre parti pour quelqu'un).

    Ex.: Mon frère *se soulève pour* ses amis.

Être soulevé *contre*, *pour* et *par*.

    Ex.: 1. L'Amérique est *soulevée contre* les rois.

    Ex.: 2. La mère fut *soulevée pour* lui.

Soumettre—.

    Ex.: Les Français ont soumis les Hovas.

Soumettre *à*.

    Ex.: Il *soumet* sa raison *à* sa foi.

Se soumettre *à*.

    Ex.: Je me *soumets à* vous.

Être soumis *à* ou *par*.

    Ex.: Elle est *soumise à* faire ce qu'elle veut.

Soupçonner—.

    Ex.: J'ai soupçonné le valet dans cette affaire.

Soupçonner *de* (suivi d'un infinitif).

    Ex.: Je le *soupçonne d'avoir* fait cette chose.

Être soupçonné *de* et *par*.

    Ex.: Il est fortement *soupçonné de* ce crime.

Soupirer—.

    Ex.: Cette dame soupire fréquemment.

Soupirer *après*.

    Ex.: Il y a longtemps qu'il *soupirait après* cette chose.

Soupirer *de* (si vous spécifiez).

    Ex.: Elle *soupire de* douleur.

Soupirer *pour* (aimer avec passion).

    Ex.: Mon frère *soupire pour* cette veuve.

Sourire— (pas de préposition s'il exprime l'action seulement.

    Ex.: Au lieu de répondre il sourit.

Sourire *à* (témoigner à quelqu'un de l'estime, de l'affection).
> Ex.: Ce bébé *sourit à* son père.

Sourire *de* (si vous spécifiez la cause)
> Ex.: Elle *sourit de* votre embarras.

Souscrire— (écrire son nom au bas d'un acte pour l'approuver).
> Ex.: Le banquier a souscrit cette lettre de change.

Souscrire *à* (s'engager à fournir une certaine somme pour une entreprise).
> Ex.: J'ai *souscrit à* cette œuvre de bienfaisance.

Sous-entendre—.
> • Ex.: J'ai sous-entendu cela.

Être sous-entendu *de* et *par*.
> Ex.: C'est *sous-entendu de* mon ami.

Sous-louer—.
> Ex.: Nous avons sous-loué notre maison.

Sous-louer *à* (si vous spécifiez).
> Ex.: J'ai *sous-loué* mon appartement *à* mon frère.

Soustraire— (voler).
> Ex.: Il a soustrait tous mes effets.

Soustraire (terme d'arithmétique).
> Ex.: J'ai soustrait ce nombre.

Soustraire *à, de*.
> Ex.: 1. Rien ne peut le *soustraire à* ma fureur.
> Ex.: 2. Il a *soustrait du* dossier les pièces les plus importantes.

Se soustraire *à*.
> Ex.: Mon frère s'est *soustrait à* la puissance paternelle.

Être soustrait *de* (si le sujet se rapporte aux choses).
> Ex.: Elle est *soustraite de* tel endroit.

Sous-traiter *avec*,
> Ex.: Il a *sous-traité avec* un tel.

Soutirer—.
> Ex.: Il faut soutirer le vin avant que la vigne soit en fleurs.

Être soutiré *de* ou *par*.
> Ex.: Beaucoup d'argent a été *soutiré de* ce tiroir.

Se souvenir *de*.
>Ex.: Elle *se souvient de* lui.

Spéculer—.
>Ex.: Il spécule fort heureusement.

Spéculer *sur* (si vous spécifiez).
>Ex.: Il passe sa vie à *spéculer sur* les matières politiques.

Spolier *de* (si vous spécifiez).
>Ex.: On l'a *spolié de* ses droits.

Être spolié *de* et *par*.
>Ex.: Il a été *spolié de* son héritage.

Statuer—.
>Ex.: L'assemblée n'a rien statué.

Statuer *sur* (si vous spécifiez).
>Ex.: Le juge a *statué sur* cette affaire.

Subordonner *à*.
>Ex.: La syntaxe *subordonne* certaines propositions *à* d'autres.

Se subordonner *à*.
>Ex.: Il *se subordonne* volontairement *à* son père.

Être subordonné *à*.
>Ex.: Les lieutenants sont *subordonnés aux* capitaines.

Subroger *en*.
>Ex.: Je vous ai *subrogé en* mes droits.

Être subrogé *de* et *par*.
>Ex.: Il est *subrogé de* la cour.

Subvenir *à*.
>Ex.: Il faut subvenir *charitablement aux* misérables.

Succéder *à*.
>Ex.: Elle a *succédé à* ma place.

Succomber *à*.
>Ex.: J'ai *succombé à* cette terrible douleur.

Succomber *sous*.
>Ex.: Le roi a *succombé sous* la multiplicité des remèdes.

Suer—.
>Ex.: Il sue terriblement.

Suer *de* (si vous spécifiez).

    Ex.: L'enfant *sue de* faiblesse.

Suffire— (donner satisfaction).

    Ex.: Votre explication suffit.

Suffire *à* (être capable).

    Ex.: Ce domestique ne sait *suffire à* servir tant de personnes.

Suffire *à* (être suffisant).

    Ex.: Cent dollars par mois ne *suffisent* pas *à* cet homme.

Se suffire *à*.

    Ex.: Je me *suffis à* moi-même.

Se suffire *de* (impersonnel).

    Ex.: Il me *suffit de* vivre près de toi pour être heureux.

Suffoquer—.

    Ex.: La douleur le suffoquait.

Suffoquer *de* (si vous spécifiez).

    Ex.: J'ai *suffoqué de* colère.

Superposer—.

    Ex.: Il faut superposer cette ligne sur celle-ci.

Superposer *à*.

    Ex.: Il est presque impossible que le cercle de nos affections soit si exactement *superposé à* celui d'un autre, qu'elles se confondent.

Suppléer—.

    Ex.: Je suppléerai ce qu'il y a de moins.

Suppléer *à* (si le verbe est neutre).

    Ex.: La valeur *supplée au* nombre.

Supplier—.

    Ex.: J'ai supplié cette dame.

Supplier *de* (suivi d'un infinitif).

    Ex.: Je vous *supplie de croire*.

Surajouter *à*.

    Ex.: Il a *surajouté* quelques lignes *à* ma lettre.

Surcharger—.

    Ex.: Vous m'avez surchargé.

Se surcharger *de*.
> Ex.: Il *se surcharge de* nourriture.

Être surchargé *de* et *par*.
> Ex.: Il est *surchargé de* travail.

Surgir *à*, *de*.
> Ex.: 1. La marée *surgit au* port.
> Ex.: 2. L'eau *surgit du* pied du rocher.

Surpasser—.
> Ex.: Il surpasse tous ses camarades.

Être surpassé *de* et *par* (selon son rapport aux personnes ou aux choses).
> Ex.: 1. Ce monument est *surpassé de* plusieurs mètres·
> Ex.: 2. Il est *surpassé par* son frère.

Surprendre—.
> Ex.: Ils ont surpris le voleur.

Être surpris *de* et *par*.
> Ex.: Je suis *surpris de* vous.

Surseoir—.
> Ex.: On a sursis toutes les affaires.

Surseoir *à* [défectif] (employé seulement à l'indicatif et à l'infinitif).
> Ex.: Je *surseois à* ma décision.

Survivre *à*.
> Ex.: Il a *survécu à* son honneur.

Suspendre—.
> Ex.: On a suspendu la lampe.

Se suspendre *à*.
> Ex.: Le chat *s'est suspendu à* la corde.

Être suspendu *à* et *par*.
> Ex.: Il a été *suspendu à* l'arbre.

Sympathiser—.
> Ex.: Il est difficile de trouver deux personnes qui sympathisent entièrement.

Sympathiser *avec* quelqu'un.
> Ex.: Je *sympathise avec* elle.

T.

Tâcher *à* (viser *à*).

 Ex : Il *tâche à* m'embarrasser.

Tâcher *de* (faire des efforts pour venir à bout de quelque chose).

 Ex.: Je *tâcherai de* le faire.

Tacheter—.

 Ex.: Le grand hâle lui a tacheté le visage.

Être tacheté *de*.

 Ex.: Ces fleurs sont *tachetées de* noir.

Taire—.

 Ex.: Il nous a dit cette chose, mais il nous a tu cette autre.

Se taire *à*, *devant*.

 Ex. 1. Elle s'est *tue à* mon entrée.

 Ex. 2. La terre s'est *tue devant* lui.

Se tapir *contre*, *derrière* et *sous*.

 Ex.: 1. Il s'est *tapi contre* cette muraille.

 Ex.: 2. Elle s'est *tapie derrière* la haie.

 Ex.: 3. Les enfants *se* sont *tapis sous* le buisson.

Tapisser—.

 Ex.: Vous avez tapissé joliment votre chambre.

Être tapissé *de* (si vous spécifiez).

 Ex.: Votre appartement est *tapissé de* portraits.

Tarder *à* (suivi d'un infinitif).

 Ex.: Il *tarde à venir*.

Tarder *de* (quand il est impersonel et suivi d'un infinitif).

 Ex.: Il me *tarde d'achever* mon ouvrage.

Tarder *que* (avec le subjonctif).

 Ex.: Il me *tarde que* ma maison *soit* bâtie.

Se targuer *de*.

 Ex.: Certes, vous vous *targuez d'*un bien faible avantage.

Être targué *de*.

 Ex.: Vous êtes *targué de* votre noblesse.

Taxer—.

    Ex.: On finira par taxer le pain.

Se taxer *de*.

    Ex.: Nous nous sommes *taxés de* l'ingratitude.

Être taxé *de* et *par*.

    Ex.: Il est *taxé d'*avarice.

Teindre—.

    Ex.: Quelques noix teignent les mains.

Être teint *de*, *en* et *par*.

    Ex.: 1. Les mains sont *teintes de* sang.

    Ex.: 2. Cette étoffe est *teinte en* bleu trop foncé.

Teinter *de* (si vous spécifiez).

    Ex.: Le ciel *teintait de* bleu la mer.

Témoigner—.

    Ex.: Elle a témoigné ses sentiments.

Témoigner *de* (si vous spécifiez).

    Ex.: Elle *témoigne de* l'amitié.

Témoigner *que*.

    Ex.: Son expression *témoigne qu'*elle ne vous aime plus

Tempérer—.

    Ex.: Ce vent a tempéré la chaleur.

Être tempéré *de* et *par*.

    Ex.: Sa sévérité est *tempérée de* douceur.

Tendre—.

    Ex.: Tendez la corde.

Être tendu *de* et *par*.

    Ex.: Cette église est *tendue de* noir.

Tenir— (avoir à la main).

    Ex.: Je tiens votre livre.

Tenir *à* (conserver beaucoup quelque chose).

    Ex.: Je *tiens à* mes livres.

Tenir *de* (avoir appris de quelqu'un).

    Ex.: Je *tiens de* lui cette nouvelle.

Se tenir *à*.

    Ex.: Il *se tient à* ma main.

Être tenu *à, contre, de, en, pour, sur* et *par.*

  Ex.: 1. L'homme est *tenu à* votre décision.

  Ex.: 2. Sa parole a été *tenue contre* la mienne.

  Ex.: 3. On a été *tenu de* parler.

  Ex.: 4. L'assemblée est *tenue en* tel endroit.

  Ex.: 5. Elle a été *tenue pour* vous.

  Ex.: 6. Il fut *tenu sur* l'eau.

Tenter—.

  Ex.: Les bijoux tentent les femmes.

Tenter *de* (suivi d'un infinitif).

  Ex.: Ce beau temps me *tente de sortir.*

Être tenté *de* et *par.*

  Ex.: Je suis *tenté d'*aller à l'Opéra.

Terminer —.

  Ex.: J'ai terminé la discussion.

Être terminé *en* et *par.*

  Ex.: La guerre a été *terminée en* deux jours.

Tigrer—.

  Ex.: J'ai fait tigrer cette laine.

Être tigré *de* et *par.*

  Ex.: Cette étoffe est *tigrée de* noir.

Tomber—.

  Ex.: L'enfant est tombé.

Tomber *de* (si vous spécifiez).

  Ex.: Il est *tombé du* balcon.

Toper *à.*

  Ex.: Je *tope à* cela.

Toucher—.

  Ex.: On ne doit pas toucher ces verres.

Toucher *à* (atteindre *à*).

  Ex.: Il est si grand qu'il *touche au* plafond.

Être touché *de* et *par.*

  Ex.: L'ingrat est-il *touché de* mes empressements?

Tourmenter—.

  Ex.: Cette personne a tourmenté ma tante.

Être tourmenté *de* et *par*.

    Ex.: Il est *tourmenté de* remords.

Tourner—.

    Ex.: Tournez la page.

Tourner *contre, vers* (suivant le cas).

    Ex.: 1. Elle a *tourné contre* sa famille.

    Ex.: 2. Regardez comme l'enfant *tourne vers* moi.

Être tourné *à, contre, de, dans, en, pas, sur* et *vers*.

    Ex.: 1. Elle est *tournée à* la mort.

    Ex.: 2. Vous êtes *tourné contre* moi.

    Ex.: 3. Vous *tournez* votre tête *de* tous les côtés.

    Ex.: 4. Les poissons *tournent dans* l'eau.

    Ex.: 5. Ma phrase a été *tourné en* mal.

    Ex.: 6. *Tournez* l'enfant *sur* le lit.

    Ex.: 7. *Tournez* le visage *vers* moi.

Tracer—.

    Ex.: Vous pouvez tracer le plan ici.

Être tracé *dans, par* et *sur*.

    Ex.: 1. Mon nom est *tracé dans* la plaie.

    Ex.: 2. Trente noms *sur* les billets *tracés*.

Trahir—.

    Ex.: Il a trahi son meilleur ami.

Être trahi *de* et *par*.

    Ex.: Elle est *trahie de* tous les siens.

Traîner —.

    Ex.: Elle traîne sa robe dans la boue.

Être traîné *à, dans, en, par* et *sur*.

    Ex.: 1. L'amour est *traîné à* la suite de cette **femme**.

    Ex.: 2. Sa voiture a été *traînée dans* la procession.

    Ex.: 3. Elle est indignement *traînée en* ce palais.

    Ex.: 4 Il a été *traîné sur* les pierres.

Traiter—.

    Ex.: Il ne traite pas justement son sujet.

Être traité *de* et *en*.

    Ex.: 1. Il a été *traité d'*un mauvais repas.

    Ex.: 2. Il a été *traité en* roi.

Tranquilliser—.

    Ex : Tranquillisez cette dame, son fils va bien.

Être tranquillisé *sur* et *par*.

    Ex.: Maintenant elle est *tranquillisée sur* ce sujet.

Se transfigurer—.

    Ex.: Notre Seigneur se transfigura sur le mont Thabor.

Transformer—.

    Ex.: Homère dit que Circé transforma les compagnons d'Ulysse en pourceaux.

Être transformé *en* et *par*.

    Ex.: Cet homme a été *transformé en* mille façons.

Transiger—.

    Ex.: Las de plaider, ils transigèrent.

Transiger *avec* (figuré).

    Ex.: On ne doit pas *transiger avec* l'honneur.

Transir—.

    Ex.: Le froid m'a transi.

Être transi *de*.

    Ex.: Il est *transi de* peur.

Transplanter—.

    Ex.: Il faut transplanter ces rosiers.

Être transplanté *dans, en, par* et *sous*.

    Ex.: 1. La famille X. a été *transplantée dans* un faubourg.

    Ex.: 2. Ces personnes ont été *transplantées en France*.

    Ex.: 3. Elle est *transplantée* comme moi, sous un ciel étranger.

Transporter—.

    Ex.: On a transporté ces criminels.

Transporter *à* (si vous spécifiez).

    Ex.: On a *transporté* les prisonniers *à* Cayenne.

Transporter un droit *à* quelqu'un.

    Ex.: Il a *transporté* ce droit *à* mon frère.

Être transporté *à, de, par* et *sur*.

    Ex.: 1. Elle fut *transportée à* l'hôpital.

    Ex.: 2. Il a été *transporté de* rage.

    Ex.: 3. L'avocat a été *transporté sur* les lieux.

Travailler—.
>   Ex.: Vous travaillez trop.

Être travaillé à, avec, de, en et par.
>   Ex.: 1. Cette broderie est *travaillée* à l'aiguille.
>   Ex.: 2. Cet ouvrage est *travaillé avec* de la soie.
>   Ex.: 3. Cet homme est *travaillé de* la fièvre.
>   Ex.: 4. Cet objet a été *travaillé en* or.

Traverser—.
>   Ex.: J'ai traversé cette route à propos.

Être traversé de et par.
>   Ex.: Cet homme est tout *traversé de* la pluie.

Travestir en (si vous spécifiez).
>   Ex.: On le *travestit en* femme pour le sauver de prison.

Trembler—.
>   Ex.: Il tremble comme une feuille.

Trembler à, pour, sous, sur.
>   Ex.:1. Je *tremble à* vous nommer l'ennemi qui m'opprime.
>   Ex.: 2. Je *tremble pour* vous.
>   Ex.: 3. Tout le monde *tremble sous* vous.
>   Ex.: 4. Mon esprit *tremblant sur* le choix de ses mots.

Trembler que (veut le subjonctif avec la négative ne).
>   Ex.: Je *tremble que* cela *n'arrive*.

Tremper—.
>   Ex.: Trempez bien le linge.

Être trempé de et dans.
>   Ex.: 1. Son visage est *trempé de* sueur.
>   Ex.: 2. Ce linge a été *trempé dans* l'eau chaude.

Trépigner de.
>   Ex.: L'enfant *trépigne de* colère.

Tressaillir—.
>   Ex.: Quand je lui ai dit cela elle   tressailli.

Tressaillir de (si vous spécifiez).
>   Ex.: Elle *tressaillait de* joie.

Triompher—.
>   Ex.: Pompée triompha trois fois.

Triompher *de*.

    Ex.: Elle a *triomphé de* tous ses ennemis.

Tromper—.

    Ex.: Cet homme a trompé toutes mes espérances.

Être trompé *de* et *par*.

    Ex.: Elle est *trompée d'*un vain espoir de gloire.

Troubler—.

    Ex.: Les pluies ont troublé le ruisseau.

Être troublé *de* et *dans*.

    Ex.: 1. Jamais l'air n'est *troublé de* ses gémissements.

    Ex.: 2. Il a éte *troublé dans* la jouissance de sa propriété.

Tuer—.

    Ex.: Il a tué son père.

Être tué *de* et *par*.

    Ex.: Il fut *tué d'*un coup de fusil.

U.

Unir—.

    Ex.: Le pasteur a uni ce couple.

S'unir *à* ou *par*.

    Ex.: Ces deux hommes *se* sont *unis à* mon père *par* les liens de l'amitié.

User (diminuer par le frottement).

    Ex.: Le pavé use le fer des chevaux.

User *de* (faire usage).

    Ex.: Il faut *user* modérément *de* tout.

V.

Vanter— (louer extrêmement).

    Ex.: Il a vanté mon style.

Se vanter, suivi de la préposition *de*, ou précédé de *en*, signifie *se glorifier*.

    Ex.: 1. Il s'est *vanté de* son action.

    Ex.: 2. Il *s'en vante* toujours.

Vaquer— (être vacant, en parlant des emplois).

>Ex.: Il doit avoir le premier emploi qui vaquera.

Vaquer *à* (s'occuper de quelque chose).

>Ex.: Il *vaque à* ses affaires.

Varier—.

>Ex.: Il faut varier vos expressions.

Être varié *de, pour* et *par*.

>Ex.: 1. Ce parterre est *varié de* fleurs.

>Ex.: 2. Cet air est *varié pour* la flûte.

Veiller—.

>Ex.: La garde-malade a veillé l'enfant.

Veiller *à* (figuré).

>Ex.: Le président *veille au* repos de l'État.

Veiner—.

>Ex.: L'ouvrier a bien veiné cette table.

Être veiné *par*.

>Ex.: Cette planche a été *veinée* par cet ouvrier.

>REMARQUE.—Il ne faut pas confondre le PARTICIPE *veiné* avec l'ADJECTIF *veiné* : tous deux font entendre que l'objet dont il s'agit *a des veines;* mais avec cette différence toutefois que c'est *l'état artificiel* qu'on désigne par le PARTICIPE, et *l'état naturel* par l'ADJECTIF. Ce dernier régit *de*.

>Ex.: C'est un marbre *veiné de* blanc et *de* noir.

Vendre—.

>Ex.: Elle a vendu ses bijoux.

Se vendre *à*.

>Ex.: Il *s'est vendu à* un parti de voleurs.

Être vendu *à, pour* et *par*.

>Ex.: 1. Cette maison a été *vendue à* mon père.

>Ex.: 2. Ce cheval a été *vendu pour* cinquante francs.

Vénérer—.

>Ex.: Cet homme ne vénère personne.

Être vénéré *de*.

>Ex.: Il est *vénéré de* ses enfants.

Venger—.

>Ex.: Je vengerai cet outrage.

Se venger *sur* (si vous spécifiez).

    Ex.: Nous nous sommes *vengés sur* ce gaillard.

Être vengé *de, sur* et *par*.

    Ex.: 1. Cet homme a été *vengé de* cet affront.

    Ex.: 2. Mon frère a été *vengé sur* votre ami.

Venir—.

    Ex.: Pouvez-vous venir demain ?

Venir *à* (être approprié à la chose, à la personne).

    Ex.: Cela *vient à* votre sœur.

Venir *à* (est quelquefois suivi d'un infinitif).

    Ex.: Vous *venez à dire*.

Venir *de*.

    Ex.: Je suis *venu de* Paris ce matin.

Venir *de* (suivi d'un infinitif exprime une action passée depuis très peu de temps).

    Ex.: Il *vient de sortir*.

Venir *après*.

    Ex.: Le jour *vient après* la nuit.

S'en venir *de* (rarement employé).

    Ex.: Je m'*en viens de* sa maison.

Être venu *à* et *de*.

    Ex.: 1. Il est *venu à* me menacer.

    Ex.: 2. Elle est *venue de* Madrid.

Verser—.

    Ex.: Versez le vin.

Verser *dans, en, par, pour* et *sur*.

    Ex.: 1. Dieu, sans doute, a *versé dans* son cœur cet esprit de douceur.

    Ex.: 2. Sa voiture a été *versée en* chemin.

    Ex.: 3. Le sang de Jésus-Christ *versé pour* nous.

    Ex.: 4. Le carrosse a été *versé sur* la route.

Vêtir—.

    Ex.: Elle vêt bien ses enfants.

Être vêtu *à, de* et *par*.

    Ex.: 1. Elle est *vêtue à* la française.

    Ex.: 2. Le roi était *vêtu de* ses habits royaux.

Vexer—.

    Ex.: Vous avez vexé votre frère.

Être vexé *de* et *par*.

    Ex.: Il est *vexé de* vos paroles.

Virer— (faire diverses questions pour savoir quelque chose).

    Ex.: Il ne faut pas me virer, je ne vous dirai rien.

Virer *à*, *de* et *sur* (terme de marine).

    Ex.: 1. Le vaisseau *vire au* large.

    Ex.: 2. Ce vaisseau *vire de* bord.

    Ex.: 3. Ces vaisseaux *virent sur* l'ancre.

Vivre—.

    Ex.: Je préfère vivre seul.

Vivre *dans*.

    Ex.: Elle *vit dans* la tristesse.

Vivre *de* (se nourrir).

    Ex.: Elle *vit de* fruits.

Vivre *en* (dépenser).

    Ex.: Il *vit en* prince.

Vivre *pour* (s'occuper de).

    Ex.: Il *vit* seulement *pour* sa famille.

Vociférer—.

    Ex.: Ce monsieur vocifère trop.

Vociférer *contre*.

    Ex.: Il *vocifère* toutes ses injures *contre* ma sœur.

Voiler—.

    Ex.: La mère a voilé la figure de son enfant.

Être voilé *de* et *par*.

    Ex.: Elle est *voilée de* dentelle.

Voir—.

    Ex.: Il a vu sa fiancée hier soir.

Se voir *dans*.

    Ex.: Nous nous sommes *vus dans* le lac.

Être vu *de* et *par*.

    Ex.: Ce spectacle a été *vu de* près.

Voler— (verbe actif, prendre furtivement).

    Ex.: Cet homme a volé ma bourse.

Voler— (verbe neutre, se mouvoir dans l'air).

 Ex.: Les hirondelles ont volé très haut.

Être volé *par*. REMARQUE. Le participe du verbe passif régit *par*.

 Ex.: J'ai été *volé par* mon domestique.

 Le participe du verbe neutre régit *à*, *dans*, *de*, *par* et *sur*.

 Ex.: 1. Il a *volé à* son secours.

 Ex.: 2. Votre réputation a *volé dans* tout les pays.

 Ex.: 3. L'oiseau a *volé de* ses propres ailes.

 Ex.: 4. Les oiseaux ont *volé sur* l'eau.

Voter—.

 Ex.: Il a voté cette loi.

Voter *pour*.

 Ex.: J'ai *voté pour* McKinley.

Vouer *à*.

 Ex.: J'ai *voué* ma fille *à* la Vierge.

Se vouer *à*.

 Ex.: Elle s'est *vouée à* Dieu.

Être voué *à* et *par*.

 Ex.: Sa plume a été *vouée à* la religion.

Vouloir—.

 Ex.: Je veux acheter des chevaux.

Vouloir du bien, du mal *à* quelqu'un.

 Ex.: Je ne *veux* pas de mal *à* mes sœurs.

Vouloir *que*.

 Ex.: L'humanité *veut qu'*on aide son semblable.

En vouloir *à* (avoir désir, prétendre).

 Ex.: J'en *veux à* cet enfant.

FIN.

.

A Complete Descriptive Catalogue of these publications will be sent free when requested.

DECEMBER, 1898.

PUBLICATIONS

—IN—

French and Other Foreign Languages

—OF—

WILLIAM R. JENKINS,

NEW YORK.

Books marked (*) were published during 1897.

FRENCH.

Attention is called to the following series. They are of great value to the student as well as to the general reader of French. The romances and plays are interesting as stories, representative of the authors, of high literary value and pure in morality. They are tastefully printed, cheap and suitable for the class-room or library. Many have notes in English.

ROMANS CHOISIS.

12mo, Paper, 60 Cents.   Cloth, 85 Cents.

1.—Dosia. By Mme. HENRY GRÉVILLE. 214 pp.
  Notes by A. De Rougemont, A.M.

2.—L'Abbé Constantin. By LUDOVIC HALÉVY. 193 pp.
  Notes by F. C. de Sumichrast.

3.—Le Mariage de Gérard. By ANDRÉ THEURIET. 234 pp.

4.—Le Roi des Montagnes. By EDMOND ABOUT. 297 pp.
  Notes by F. C. de Sumichrast.

(*)5.—Le Mariage de Gabrielle. By DANIEL LESUEUR. 264 pp.
  Notes by B. D. Woodward, Ph.D.

6.—L'Ami Fritz. By ERCKMANN-CHATRIAN. 363 pp.
  Notes by Prof. C. Fontaine. B.L., L.D.

7.—L'Ombra. By A. GENNEVRAYE. 216 pp.

8.—Le Maître de Forges. By GEORGES OHNET. 341 pp.

9.—La Neuvaine de Colette. By JEANNE SCHULTZ. 236 pp.

10.—Perdue. By Mme. HENRY GRÉVILLE. 359 pp.
Notes by George McLean Harper, Ph.D.

1.—Mlle. Solange, (Terre de France). By FRANÇOIS DE JULLIOT. 359 pp. *Notes by C. Fontaine, B.L., L.D.*

12.—Vaillante, ou *Ce que femme veut.* By JACQUES VINCENT. 277 pp.

3.—Le Tour du Monde en Quatre-Vingts Jours. By JULES VERNE. 373 pp. *With notes by Herman S. Piatt. (Just published, February, 1898.)*

14.—Le Roman d'un Jeune Homme Pauvre. By OCTAVE FEUILLET. 204 pp.

15.—La Maison de Penarvan. By JULES SANDEAU. 292 pp.

16.—L'Homme à l'Oreille Cassée. By EDMOND ABOUT. 273 pp.

17.—Sans Famille. By HECTOR MALOT. 430 pp. *Abridged and arranged for school use by P. Bercy, B.L., L.D.*

18.—Cosin, et le Royaume de Dahomey. By ANDRÉ MICHEL DURAND. 165 pp.

19.—Mon Oncle et Mon Curé. By JEAN DE LA BRÈTE. 249 pp
Notes in English by F. C. de Sumichrast.

20.—La Lizardière. By VICOMTE HENRI DE BORNIER. 247 pp.

21.—Nanon. By GEORGE SAND. 382 pp.
Notes by B. D. Woodward, Ph. D.

22.—Le Petit Chose (*Histoire d'un Enfant*). By ALPHONSE DAUDET. 284 pp. *Notes by C. Fontaine, B.L.,L.D.*

23.—Pêcheur D'Islande. By PIERRE LOTI. 287 pp. *Arranged for everyone's reading. Notes by C. Fontaine, B.L., L.D.*
The series will be continued with stories of other well-known writers

MISCELLANEOUS.

Graziella. By A. DE LAMARTINE. 173 pp.
Notes by C. Fontaine, B.L., L.D. 12mo, paper, 45 cents.

Cinq-mars ou une Conjuration sous Louis XIII. By ALFRED DE VIGNY. *Introduction and copious notes. 12mo, cloth, $1.25.*

La Tulipe Noire. By ALEXANDRE DUMAS. 304 pp.
12mo, paper, 45 cents.

La Lampe de Psyché. By LÉON DE TINSEAU.
16mo, paper, 35 cents.

Contes de la Vie Rustique. *Arranged with notes by S. Castegnier. (In preparation.)*

CONTES CHOISIS.

This series comprises some of the very best short stories,
NOUVELLES *of French authors. They are very prettily printed, of*
convenient size and are published at the uniform price of

Paper 25 Cents.   **Cloth, 40 Cents.**

1.—**La Mère de la Marquise.** By EDMOND ABOUT. 135 pp.
  Notes by C. Fontaine, B.L., L.D.

2.—**Le Siège de Berlin et Autres Contes.** By ALPHONSE
  DAUDET. 73 pp. *Comprising La dernière classe; La Mule*
  du Pape; L'Enfant Espion; Salvette and Bernadou; Un
  Teneur de Livres. Notes by E. Rigal, B.-ès-S.; B.L.

3.—**Un Mariage d'Amour.** By LUDOVIC HALÉVY. 73 pp.

4.—**La Mare au Diable.** By GEORGE SAND. 142 pp.
  Notes by C. Fontaine, B.L., L.D.

5.—**Peppino.** By L. D. VENTURA. 65 pp.

6.—**Idylles.** By Mme. HENRY GRÉVILLE. 110 pp.

7.—**Carine.** By LOUIS ENAULT. 131 pp.

8.—**Les Fiancés de Grinderwald.** *Also,* **Les Amoreux de**
  Catherine. By ERCKMANN-CHATRIAN. 104 pp.

9.—**Les Frères Colombe.** By GEORGES DE PEYREBRUNE. 136 pp.
  Notes by F. C. de Sumichrast.

10.—**Le Buste.** By EDMOND ABOUT. 145 pp.
  Notes by George McLean Harper, Ph.D.

11.—**La Belle-Nivernaise,** (*Histoire d'un vieux Bateau et de son*
  Equipage). By ALPHONSE DAUDET. 111 pp.
  Notes by Geo. Castegnier, B.S., B.L.

12.—**Le Chien du Capitaine.** By LOUIS ENAULT. 158 pp.
  Notes by F. C. de Sumichrast.

13.—**Boum-Boum.** By JULES CLARETIE. 104 pp.
  With other exquisite short stories by famous French writers.
  Notes by C. Fontaine, B.L., L.D.

14.—**L'Attelage de la Marquise.** By LÉON DE TINSEAU.
  Une Dot. By E. LOGOUVÉ. 93 pp. *Notes by F. C. de Sumichrast.*

15.—**Deux Artistes en Voyage,** *and two other stories.* **By**
  COMTE DE VERVINS. 105 pp.

16.—Contes et Nouvelles. By GUY DE MAUPASSANT. 93 pp.
    With a preface by A. Brisson.

17.—Le Chant du Cygne. By GEORGE OHNET. 91 pp.
    Notes by F. C. de Sumichrast.

18.—Près du Bonheur. By HENRI ARDEL. 91 pp.
    Notes by E. Rigal, B.S., B.L.

19.—La Frontière. By JULES CLARETIE. 103 pp.
    Notes by Charles A. Eggert, Ph.D., LL.B.

*20.—L'Oncle et le Neveu, et Les Jumeaux de l'Hôtel Corneille
    By EDMOND ABOUT. 120 pp. Notes by G. Castegnier, B. S.,
    B.L.

BIBLIOTHÈQUE CHOISIE POUR LA JEUNESSE.

Les Malheurs de Sophie. By Mme. LA COMTESSE DE SÉGUR.
203 pp.
    In France it is classic. Light, amusing and interesting for
    young children. 12mo, illustrated, paper, 60c.; cloth, $1.00.

Catherine, Catherinette et Catarina. By ARSÈNE ALEXANDRE.
    Arranged with exercises and vocabularies, by Agnes Godfrey
    Gay. Contains many beautiful colored illustrations. Quarto,
    75c. (Just published, October, 1898.)

CONTES TIRÉS DE MOLIÈRE.
By PROF. ALFRED M. COTTE.

The stories of some of the most salient of Molière's Comedies,
written in the form of novellettes similar in idea to Charles and
Mary Lamb's "Tales from Shakespeare."

1.—L'Avare. 2.—Le Bourgeois Gentilhomme. Each 20 cents.

MUSIC.

(*)CHANSONS, POÉSIES ET JEUX FRANÇAIS
POUR LES ENFANTS AMÉRICAINS.

Composés et recueillis par AGNES GODFREY GAY.

Music revised and harmonized, by Mr. Grant-Schaefer. Price 50c.

THÉATRE CONTEMPORAIN.

Comprising some of the best contemporaneous French dramatic literature, and of invaluable use to the student in Colloquial French. They are well printed in good clear type, are nearly all annotated with English notes for students, and are . sold at the uniform price of

25 Cents Each.

1.—Le Voyage de M. Perrichon. By EUGÈNE LABICHE et
   EDOUARD MARTIN. 78 pp.
   Comedy in four acts. Notes by Schele de Vere, Ph.D., LL.D.

2.—Vent d'Ouest, *Comedy in one act,* 18 pp., and La Soupière,
   Comedy in one act, 20 pp. By ERNEST D'HERVILLY. *In one volume.*

3.—La Grammaire. By EUGÉNE LABICHE. 54 pp.
   Comedy in one act. Notes by Schele de Vere, Ph.D., LL.D.

4.—Le Gentilhomme Pauvre. By DUMANOIR and LAFARGUE.
   76 pp. *Comedy in two acts. Notes by Casimer Zdanowicz, A.M.*

5.—La Pluie et le Beau Temps, *Comedy in one act, in prose.*
   By LÉON GOZLAN. 34 pp. *And* Autour d'un Berceau,
   Play in one scene. By ERNEST LEGOUVÉ. 11 pp.

6.—La Fée. By OCTAVE FEUILLET. 43 pp.
   Comedy in one act.

7.—Bertrand et Raton. By EUGÈNE SCRIBE. 43 pp.
   Drama in five acts, in prose.

8.—La Perle Noire. By VICTORIEN SARDOU. 72 pp.
   Comedy in three acts, in prose.

9.—Les Deux Sourds. By JULES MOINAUX. 37 pp.
   Comedy in one act.

10.—Le Maitre de Forges. By GEORGES OHNET. 101 pp.
   Comedy in four acts. Notes by C. Fontaine, B.L., L.D.

11.—Le Testament de César Giredot. By ADOLPHE BELOT.
   and EDM. VILLETARD. 98 pp.
   Comedy in three acts, in prose. Notes by Geo. Castegnier B.S., B.L.

12.—Le Gendre de M. Poirier. By EMILE AUGIER and JULES
   SANDEAU. 92 pp.
   Comedy in four acts, in prose. Notes by F. C. de Sumichrast

13.—Le Monde où l'on s'ennule. By EDOUARD PAILLERON. 124 pp.
  Comedy in three acts. Notes by Alfred Hennequin, Ph.D.

14.—La Lettre Chargée. By E. LABICHE. 28 pp.
  Fantaisie in one act.

15.—La Fille de Roland. By VICOM1E HENRI DE BORNIER. 96 pp.
  Drama in four acts, in verse. Notes by Wm. L. Montague, Ph.D.

16.—Hernani. By VICTOR HUGO. 151 pp.
  Drama in five acts. Notes by Gustave Masson, B.A.

17.—Mine et Contre-Mine. By ALEXANDRE GUILLET. 97 pp.
  Comedy in three acts. Notes by the Author.

18.—L'Ami Fritz. By ERCKMANN-CHATRIAN. 96 pp.
  Comedy in three acts. Adapted to the use of American Schools and Colleges, and annotated by Alfred Hennequin, Ph.D.

19.—L'Honneur et L'Argent. By F. PONSARD. 123 pp.
  Comedy in five acts, in verse. Notes by Frederick C. de Sumichrast.

20.—La Duchesse Couturière. By MADAME E. VAILLANT GOODMAN. 24 pp. *Comedy in one act, adapted from " Les Doigts de Fée;" especially arranged for ladies' cast.*

THEATRE FOR YOUNG FOLKS.

10 Cents Each.

A series of original little plays suitable for class reading or school performance, written especially for children, by MM Michaud and de Villeroy. Printed in excellent type.

  The List comprises:

1.—Les Deux Écoliers. By A. LAURENT DE VILLEROY. 26 pp
  Comédie en un acte, en prose, for boy and three girls.

2.—Le Roi D'Amérique. By HENRI MICHAUD. 8 pp.
  Comédie en un acte, for boys, 10 characters.

3.—Une Affaire Compliquée. By HENRI MICHAUD. 8 pp.
  Comédie en un acte, for boys, 7 characters.

4.—La Somnambule. By HENRI MICHAUD. 16 pp.
  Comédie en un acte, for girls; 8 characters.

5.—**Stella.** By HENRI MICHAUD. 16 pp.
  Comédie en un acte, for young ladies; 6 character
6.—**Une Héroïne.** By HENRI MICHAUD. 16 pp.
  Comédie en un acte, for girls; 8 characters.
7.—**Ma Bonne.** By HENRI MICHAUD. 14 pp.
  Comédie en un acte, for girls; 5 characters.
8.—**Don Quichotte.** By HENRI MICHAUD. 20 pp.
  Comédie en un acte, for girls. 6 characters.
  (Just published, March, 1898.)

GAMES.

The Table Game. By HELÈNE J. ROTH.
  A French game to familarize pupils with the names of everything that is placed on a dining-room table. 75c.
(*) **Citations des Auteurs Français.** By F. L. BONNET. 75c
(*)**Jeu des Académiciens.** By MLLE. R. SÉE. 75c.
Miss Theodora Ernst's French Conversation Cards.
  50c. *(Just published, November, 1898.)*
  (See also German.)

CLASSIQUES FRANÇAIS.

Under this general title is issued a series of Classical French works, carefully prepared with historical, descriptive and grammatical notes by competent authorities, printed in large type, at a uniform price of

Paper, 25 Cents.   Cloth, 40 Cents.

1.—**L'Avare.** By J. B. POQUELIN DE MOLIÈRE. 105 pp.
  Comédie en cinq actes. Notes by Schele de Vere, Ph.D., LL.D.

2.—**Le Cid.** By PIERRE CORNEILLE. 87 pp.
  Tragédie en cinq actes. Notes by Schele de Vere, Ph.D., LL.D.

3.—**Le Bourgeois Gentilhomme.** By J. B. POQUELIN DE
  MOLIÈRE (1670).
  Comédie-Ballet en cinq actes. Notes by Schele de Vere, Ph.D., LL.D.

4.—**Horace.** By P. CORNEILLE. 70 pp.
  Tragédie en cinq actes. With grammatical and explanatory notes by Frederick C. de Sumichrast.

5.—**Andromaque.** By J. RACINE. 72 pp.
  Tragédie en cinq actes. Notes by F. C. de Sumichrast.

6.—**Athalie.** By JEAN RACINE. 86 pp.
  Tragédie en cinq actes tirée de l'Ecriture Sainte. With Biblical references and notes by C. Fontaine B.L., L.D
  Others in preparation.

VICTOR HUGO'S WORKS.

Les Misérables.

This edition of Victor Hugo's masterpiece is not only the handsomest but the "cheapest" edition of the work that can be obtained in the original French. Its publication in America has been attended with great care, and it is offered to all readers of French as the best library edition of the work to be obtained. Volume I, " Fantine," 458 pages; Volume II, "Cosette," 416 pages; Volume III, "Marius," 378 pages; Volume IV. "Idylle rue Plumet," 512 pages; Volume V, "Jean Valjean," 437 pages.

*5 *Volumes*, 12*mo Paper*, $4.50; *Cloth*, $6.50; *Half-calf*, $13.50.
* *Single volume sold separately, in paper*, $1.00; *cloth*, $1.50.

Les Misérables.

One volume edition. The whole story intact; episodes and detailed descriptions only omitted. Arranged by A. de Rougemont, A.M. $1.25.

Notre-Dame de Paris.

The handsomest and cheapest edition to be had, with nearly 200 illustrations, by Bieler, Myrbach and Rossi.

2 *volumes*, 12*mo, Paper*, $2.00; *Cloth*, $3.00; *Half-calf*, $6.00.

Same *(Edition de Grand Luxe). But 100 copies published. It contains, with the illustrations as in the ordinary edition, 12 fac-simile water colors, and is printed on Imperial Japan paper. The set, 2 volumes, each volume numbered, signed, and in a satin portfolio,* $10.00.

Same *(Edition de Luxe). But 400 copies published. With illustrations as in the "Edition de Grand Luxe," and printed on fine satin paper. The set, 2 volumes, numbered, signed and bound half-morocco Roxbourgh style, gilt top,* $6.00.

Quatrevingt-Treize. 507 pp.

One of the most graphic and powerful of Hugo's romances, and one quite suitable for class study. 12*mo, Paper,* $1.00; *Cloth,* $1.50; *Half-calf,* $3.00.

Quatrevingt-Treize. 595 pp.

With an historical introduction and English notes by Benjamin Duryea Woodward, B.-ès-L., Ph.D., Instructor in the Romance Languages and Literatures at Columbia University and Barnard College, New York. 12*mo, Cloth,* $1.25.

Les Travailleurs de la Mer.

This celebrated work, which is one of the most notable examples of Victor Hugo's genius, uniform in style with the above, 12*mo, Paper,* $1.00; *Cloth,* $1.50; *Half-calf,* $3.00.

(See also No. 16, "Théâtre Contemporain.")

TEXT-BOOKS OF
THE FRENCH LANGUAGE.
BERCY, PAUL. (B.L., L.D.)

Simples Notions de Français. 101 pp.
75 *illustrations, Boards,* 75c.

Livre des Enfants. 100 pp.
Pour l'étude du français. 12mo, *Cloth,* 40 *illustrations,* 50c.

Le Second Livre des Enfants. 148 pp.
A continuation of "Livre des Enfants". 12mo, *Cloth,* 50 *illustrations,* 75c.

Le Français Pratique. 191 pp.
1 *volume,* 12mo, *Cloth,* $1.00.

Lectures Faciles, pour l'Étude du Français. 256 pp.
Avec Notes Grammaticales et Explicatives. This, with "Le Français Pratique," is a complete method. Cloth, $1.00.

La Langue Française, 1ère partie. 292 pp.
Méthode pratique pour l'étude de cette langue. 12mo, *Cloth,* $1.25.

La Langue Française, 2ème partie. 279 pp.
For intermediate classes. Variétés historiques et littéraires. 12mo, *Cloth,* $1.25.

Conjugaison des Verbes Français, avec Exercices.
12mo, *flexible cloth,* 50c. *(Just published, December, 1898.)*

BERNARD, V. F.

Genre des Noms.
Étude nouvelle, simple et pratique. 12mo, 25c.

L'Art D'Intéresser en Classe.
Contes, Fables, etc. 12mo, *Paper,* 30c.

La Traduction Orale et la Prononciation Française. 42 pp.
12mo, *Boards,* 30c.

Le Français Idiomatique. 73 pp.
French Idioms and Proverbs, with their English equivalents and copious exercises, systematically arranged. 12mo, *Cloth,* 50c.

COLLOT, A. G.

Collot's Levizac's Grammar and Exercises. 227 pp.
12mo, *Cloth,* 75c.

DU CROQUET, CHAS. P.

An Elementary French Grammar. 259 pp.

The arrangement of this grammar is simple, clear and concise. It is divided into two parts: (1) First Exercises; (2) Elementary Grammar. A General Vocabulary is added for the convenience of the student. 12mo, Cloth, with vocabulary, 75c.

A College Preparatory French Grammar. 284 pp.

Grammar, Exercises, and Reading followed by Examination papers. (Fourth edition, entirely revised. Just published, November, 1898.) 12mo, half leather, $1.25.

Conversation des Enfants. 152 pp.

12mo, Cloth, 75c.

Le Français par la Conversation. 186 pp.

12mo, Cloth, $1.00.

First Course in French Conversation.

Recitation and Reading, with separate vocabulary for each reading. $1.00.

French Verbs in a Few Lessons. 47 pp.

Cloth, 35c.

Blanks for the Conjugation of French Verbs.

About 60 blanks in a tablet. Per tablet, 30c.

(*) Conjugaison Abrégée Blanks.

These blanks, besides saving more than half the time otherwise necessary in writing verbs, cause more uniformity in the class drill, make it easier for the pupil to understand his work. Per tablet, 25c.

GAY & GARBER.

Cartes de Lecture Française.

Pour les enfants Américains. A set of reading charts printed in very large type and profusely illustrated, $7.50.

MUZZARELLI, PROF. A.

Antonymes de la La Langue Française.

Exercices Gradués pour classes intermédiaires et supérieures des Ecoles, Collèges et Universités.

Livre de L'Elève. Clo., 185 pp., $1.00. *Livre du Maître.* Clo. 185 pp., $1.50.

PICOT, CHARLES.

Picot's First Lessons in French. 132 pp.

12mo, Cloth, 50c.

SARDOU, Prof. ALFRED.

The French Language With or Without a Teacher.

*Part I, Pronunciation, 75c.; Part II, Conversation, $1.25.
Part III, Grammar and Syntax, $1.25.*

Chart of All the French Verbs, 35c.
Part III and the Chart will be sold together for $1.50.

LITERATURE AND CHOICE READING.

BERCY, PAUL (B.L., L.D.)

Lectures Faciles, pour l'Étude du Français. 256 pp.
Cloth, $1.00.

Contes et Nouvelles Modernes *(P. Bercy's French Reader).* 265 pp.
With explanatory English notes. 12mo, Cloth, $1.00.

Balzac (Honoré de), Contes. 219 pp.
*Edited, with Introduction and Notes, by George McLean
Harper, Ph.D., and Louis Eugene Livingood, A.B. Clo., $1.*

BECK, B.

Fables Choisies de La Fontaine. 107 pp.
Notes by Madame B. Beck. 16mo, Boards, 40c.

COLLOT, A. G.

12mo, cloth, 75c. each.

Progresssive French Dialogues and Phrases. 226 pp.

Progressive French Anecdotes and Questions. 233 pp

Progressive Pronouncing French Reader. 288 pp.

Progressive Interlinear French Reader. 292 pp.

COPPÉE, FRANÇOIS.

Extraits Choisis. 177 pp.
*Prose and poetry, with notes by Geo. Castegnier, B.S., B.L.
12mo, Cloth, 75c.*

FONTAINE, C.

12mo, cloth, with notes, $1.25 each.

Les Poètes Français du XIXème Siècle. 402 pp.

Les Prosateurs Français du XIXème Siècle. 378 pp.

Les Historiens Français du XIXème Siècle. 384 pp.

MICHAUD, HENRI.

Poésies de Quatre à Huit Vers. 19 pp.
French Poetry for schools. 20c.

ROUGEMONT, A. DE

Manuel de Littérature Française. 403 pp.
12mo, half leather, $1.25.

(See also Victor Hugo's Works).

SAUVEUR, LAMBERT.

(*)Les Chansons de Béranger. 228 pp.
With notes. 12mo, Cloth, $1.25.

"VETERAN."

Initiatory French Readings. 155 pp.
In the first part: the picturesque facts of "Our Country," and in the second part: "The Discovery of France" by some young American travellers. 12mo, Cloth, 75c.

FOR TRANSLATING ENGLISH INTO FRENCH.

BERCY, PAUL (B.L., L.D.)

Short Selections for Translating English into French. 137 pp.
With notes. 12mo, Cloth, 75c.

Key to Short Selections. 121 pp.
12mo, Cloth, 75c.

HENNEQUIN, ALFRED (PH.D.)

A Woman of Sense and **A Hair-Powder Plot.**
Two English plays intended for translating Colloquial English into French, with notes. 12mo, Flexible cloth, 40c.

PROGRESSIVE FRENCH DRILL.

Un Peu de Tout. By F. JULIEN.
12mo, cloth, 282 pages, 75c. Valuable for giving a final polish to the work of preparing for examination. (Just published, 1898.)

Preliminary French Drill. By a VETERAN. 68 pp.
12mo, Cloth, 50c.

Drill Book.—A—118 pp.
Embodies systematically the main principles of the language The vocabulary (English and French) will be found to be quite extensive, and contains most of the words in common use. 12mo, Cloth, 75c.

B.—83 pp.
___ The purpose of this book is to facilitate the mastery of the irregular verbs in all their tenses. 12mo, Cloth, 50c.

PRONUNCIATION.

French Pronunciation, Rules and Practice for the Use of Americans. 50 pp.
12mo, Boards, 50c.

Gender of French Nouns at a Glance.
A Card 3 x 5 *inches,* 10c.

VERBS.

French Verbs at a Glance. By MARIOT DE BEAUVOISIN. 61 pp.
8vo, 35c.

French Verbs. By CHAS. P. DUCROQUET. 47 pp.
Cloth, 35c.

French Verbs. By Professor SCHELE DE VERE. 201 pp.
Cloth, $1.00.

Conjugaison des Verbes Français avec Exercices. By PAUL BERCY.
12mo, flexible cloth, 86 *pages.* 50c.

† **Blanks for the Conjugation of French Verbs.** By CHAS. F. DUCROQUET.
Put up in Tablets, 50c.

(*)† **Conjugaison Abrégée Blanks.** By CHAS. P. DUCROQUET.
Put up in Tablets, 25c.

† *These "blanks" save more than half the time otherwise necessary in "writing" or 'in "correcting" verbs. They ensure uniformity in the class work and give the learner a clearer understanding of what he is doing.*

Drill Book.—B.—82 pp.
12mo, Cloth, 50c.

Mme. Beck's French Verb Form.
By means of this "drill," a verb with form as given can be written by an average pupil in less than fifteen minutes. Size, 9 x 12. *Price,* 50c.

Le Verbe en Quatre Tableaux Synoptiques. By Prof. H. MARION.
"Sixth Edition." Price, 25c.

Verbes Français demandant des Prépositions. By F. J. A. Darr. *12mo. Cloth,* 50c. *(Published, March, 1898.)*

Logical Chart for Teaching and Learning the French Conjugation. By STANISLAS LE ROY. *(In preparation.)*

Manual of French Verbs. *Prepared by* WINONA CREW, B.A. *(In preparation.)*

(See also Latin, Greek and Games.

GERMAN.

Kleine Anfange. By FRAULEIN ALBERTINE KASE. 133 pp.
Ein buch für kleine Leute. 8vo, Boards, many illustrations,
75c.

Des Kindes Erstes Buch. By WILHELM RIPPE. 100 pp.
This method is divided into forty lessons, each consisting of
a short vocabulary, and appropriate illustration,a reading
lesson, and a few sentences to be memorized; and as appen-
dix are given a few simple rhymes suitable for the nursery.
12mo, Boards, 40c.

Der Praktische Deutsche. By U. JOS. BEILEY. *Second edition,*
entirely revised. 12mo, cloth, 251 pp., $1.00.
The material necessary to enable the learner to converse with
Germans in their own language is provided, and it is
arranged in such an order that the study will be pleasurable
as well as profitable. A vocabulary is at the end.

Das Deutsche Litteratur Spiel. By F. S. ZOLLER.
A German game of authors, 75c.

Constructive Process for Learning German. By A. DREY-
SPRING. *(In preparation.)*

(*)A Glance at the Difficulties of German Grammar. By
CHARLES F. CUTTING. 30c.

Blanks for the Conjugation of German Verbs. Per tablet, 35c.
(Just published, March, 1898.)

Deutsch's Drillmaster in German. By S. DEUTSCH. *12mo,*
cloth, $1.25. (Just published, August, 1898.)

ITALIAN.
NOVELLE ITALIANE.

This series comprises some of the very best short stories,
"novelles" of Italian authors. They are very well printed, of
convenient size and are published at the uniform price of

12mo, paper, 35 Cents Each.

1.—Alberto. By E. DE AMICIS. 108 pp.
Notes by T. E. Comba.

2.—Una Notte Bizzarra. By ANTONIO BARRILI. 84 pp
Notes by T. E. Comba.

3.—Un Incontro. By E. DE AMICIS. 104 pp.
And other Italian stories by noted writers, with notes b
Prof. Ventura.

4.—Camilla. By E. DE AMICIS. 120 pp.
With notes by T. E. Comba.

(*)5.—Fra le Corde d'un Contrabasse. By SALVATORE FARINA.
With notes by T. E. Comba.

6.—Fortezza, and Un Gran Giorno. By E. DE AMICIS. 74 pp.
With notes by T. E. Comba.
This series will be continued with stories of other
well-known writers.

La Lingua Italiana. By T. E. COMBA. 223 pp.
A practical and progressive method of learning Italian by the
natural method—replete with notes and explanations, and
with full tables of conjugations and lists of the irregular
verbs. 12mo, Cloth, $1.00.

(*)A Brief Italian Grammar. By A. H. EDGREN, Professor of
Romance Languages in the University of Nebraska. 12mo,
cloth, 90c.

SPANISH.
NOVELAS ESCOGIDAS.
75 Cents Each.

1. **El Final de Norma.** By D. PEDRO A. DE ALARCON. 246 pp.
Notes by R. D. Cortina, A.M. 12mo, Paper.

CUENTOS SELECTOS.
35 Cents Each.

1.—**El Pájaro Verde.** By JUAN VALERA. 60 pp.
With notes by Julio Rojas. 18mo, Paper.

TEATRO ESPAÑOL.

Comprising some of the best contemporaneous Spanish dramatic
literature and of invaluable use to the student in Colloquial Spanish.
They are well printed in good clear type, are nearly all annotated
with English notes for students, and are sold at the uniform price
of
12mo, paper, 35 Cents Each.

1.—**La Independencia.** By DON MANUEL BRETON DE LOS
HERREROS. 109 pp.
With notes by Louis A. Loiseaux.

2.—**Partir á Tiempo.** Por DON MARIANO DE LARRA. 44 pp.
Comedia en un acto, with notes by Alex. W. Herdler.

3.—**El Desdén con el Desdén.** Por DON AUGUSTIN MORETO Y
CABANA. 107 pp.
Comedia en tres journadas. Notes by Alex. W. Herdler.

(*)**Un Drama Nuevo.** By DON JOAQUIN ESTÉBANEZ.
Drama en tres actos. Notes by Prof. John E. Matzke, Ph.D.

Spanish Words and Phrases. By Mme. F.J.A.DARR. *Paper, 25c.*
Spanish Catalogue of Imported Books sent on application.

LATIN.

The Beginner's Latin. By W. McDowell Halsey, Ph.D.
An elementary work in Latin, admirably adapted for begin-
ners in the language, and the result of many years' teaching
on the part of the author. 12mo, *Cloth,* 75c.

† **Drisler's Blanks for the Conjugation of Latin Verbs.**
Put in tablets, 25c,

† **Browning's Blanks for Latin Verbs.**
Put in tablets, 25c.

† **Blanks for the Elements of the Latin Verb.**
Put in tablets, 25c.

Latin Paradigms at a Glance, 25c.

**English-Latin Vocabulary for use with Scudder's Latin
Reader.** By Miss K. Wendell.
Paper. 25c. *(Just published, November, 1898.)*

GREEK.

Browning's Blanks for Greek Verbs.
Put in tablets, 25c,

Blanks for the Conjugation or Synopses of Greek Verbs. By
H. C. Havens. *Per tablet,* 25c. *(Just published, March, 1898)*

†**Miss Wilson's Spelling Blanks.**
Arranged in Book-form. Price, 35c.

† *These blanks save more than half the time otherwise necessary
in writing or in correcting. They insure uniformity in the class
work, and give the learner a clearer understanding of what he
is doing.*

CHINESE.

A Chinese-English and English-Chinese Phrase Book. By
T. L. Stedman and K. P. Lee. 187 pp.
12mo, *Boards,* $1.25.

FULL CATALOGUE
of
French Imported Books and General School Books
Sent on application.

Importation orders promptly filled at moderate prices.

CPSIA information can be obtained
at www.ICGtesting.com
Printed in the USA
LVHW080303030919
629674LV00014B/1197/P